Carlos Cáceres Valdebenito

La supremacía china

EDIQUID

LA SUPREMACÍA CHINA

Editado por: Corporación Ígneo S.A.C.
para su sello editorial Ediquid
Av. Arequipa 185 1380,
Urb. Santa Beatriz. Lima - Perú
Primera edición, setiembre 2021

ISBN: 978-612-5042-18-7
Impresión bajo demanda

Hecho el Depósito Legal en la Biblioteca Nacional del Perú N° 2021-09882
Se terminó de imprimir en setiembre del 2021 en:
ALEPH IMPRESIONES SRL
Jr. Risso Nro. 580
Lince - Lima

Carlos Cáceres
info@carloscaceres.cl
GIGA + TA

www.grupoigneo.com
Correo electrónico: contacto@grupoigneo.com
Facebook: Grupo Ígneo | Twitter: @editorialigneo | Instagram: @grupoigneo

Diseño de portada: Oriana Vargas
Corrección: Milagros Amarista
Diagramación: Gerardo Hernández B.
Colección: Pensamiento

China es como un gigante que duerme; déjenla dormir porque cuando despierte el mundo se estremecerá

Napoleón Bonaparte

Contenido

Introducción

Cuando pensamos en Asia, pensamos en China. Cuando pensamos en China la vemos con respeto, como un coloso que está en el otro lado del mundo, pero que a la vez está aquí, presente en todas partes, desde los grandes *malls* chinos que albergan miles de productos, que por cierto más de alguno tenemos en casa, hasta restaurantes que forman parte de la cultura gastronómica de nuestro país. ¿Cómo es esto posible? ¿Cómo ha logrado permear sociedades tan diversas, en continentes tan lejanos, como en el que vivimos?

En primera instancia, hay quienes podrían responder que es propio de un país que es capaz de albergar la quinta parte de la humanidad, logrando no solo convertirse en un titán del desarrollo tecnológico, sino que también, en un referente mundial de la economía, lo social y de una amplia y rica cultura que es seguida por mucha gente, especialmente por jóvenes que se han convertido en verdaderos devotos y embajadores de este país, a través de su música, bailes y hasta su forma de entender y comprender las relaciones interpersonales.

Sin embargo, queda en este relato una arista que hace una diferencia sustancial y es que, está regido por un sistema comunista, donde las libertades no son precisamente el bastión de su política tanto interna como externa, develando un régimen autoritario basado en establecer estrictas limitaciones en el quehacer de su población en sus diversas dimensiones y por sobre todo, siendo un enemigo acérrimo de los principios democráticos que rigen a superpotencias como Estados Unidos, pero que sin embargo, desde una arista antagonista se presenta en este juego de poder de las relaciones internacionales, como una superpotencia capaz de desequilibrar el devenir norteamericano y su hegemonía a nivel global.

Por ello, es importante establecer como premisa que un régimen democrático no garantiza que un país vaya a tener éxito. Si esto fuera así, todos los países regidos por este tipo de sistema serían potencias y lamentablemente, muchos de ellos están lejos de hacerlo y no solamente desde el punto de vista económico, sino que también desde lo político-social, demostrando en el último tiempo, que sociedades democráticas de igual manera han sentido vulnerado sus derechos y con ello, han dado inicio a una serie de revueltas que han mermado su devenir.

En contraposición el régimen chino ha alcanzado un desarrollo económico y social que no ha podido conseguir ningún otro país, en un plazo similar. Este éxito se debe a su disciplina social y a la rigurosidad en la implementación de sus planes; lo que no sucede en otras naciones, independientemente de su sistema político.

Vamos a imaginar un típico hogar, no importa la nacionalidad, puede ser el tuyo, que lees esto. En dicha familia conviven los padres con sus hijos, siendo los primeros quienes dictan las normas que van a regir la convivencia en dicho hogar en sus distintos ámbitos de acción. Los menores no deben opinar sobre ciertos temas y si los padres, los mandatarios, dicen que alguna cosa debe hacerse de una manera específica, no hay objeción válida al respecto: tienen que obedecer. De este modo, se logra crear un proceso disciplinario, donde cada uno de los convivientes de este hogar sabe los límites y facultades que tiene.

En extraposición, existen los hijos que critican a los padres, que opinan y creen sentirse en igualdad de condiciones, conllevando a desintegrar el núcleo familiar porque no tienen hábitos y son jóvenes inexpertos que apenas conocen la vida. Imaginemos un niño que determine que solo quiere alimentarse de dulces; eso sería un grave problema.

El primer ejemplo representa lo que sucede en China. Su gobierno busca que sus hijos, los ciudadanos, sean personas que sigan las reglas, comprendiendo que, bajo este método disciplinario, poco a poco, se ha transformado en una potencia mundial y espera convertirse en la primera superpotencia del planeta.

Desde esta óptica, analizaremos en las siguientes hojas las distintas aristas que se deben tener presente a la hora de estudiar China, entendiendo siempre que puede haber diversas miradas sobre este gigante asiático, pero que independiente de las diferencias de éstas, siempre coexiste un grado de admiración a los logros que ha alcanzado y sobre todo, la capacidad de integrar y sobrevivir a un sistema internacional dinámico, diverso e incierto.

Para entrar en contexto, en las páginas del primer capítulo se encuentra un desglose de la historia económica de este país, para comprender qué significa China y cómo ha sabido erigirse y aprovechar cada oportunidad. Una vez que entendamos cómo funciona este país, pasaremos al segundo capítulo, en el que haremos un recorrido por su desarrollo tecnológico y conoceremos en qué consiste la sonda china. Además, veremos cómo esta nación ha llegado a la Luna en varias oportunidades y presentaremos una proyección sobre los alcances que se propone el país, en esta materia, para la próxima década.

Luego, detallaremos en el tercer capítulo cómo este país logró la supremacía cuántica de un modo insuperable; lo que demuestra que el trabajo organizado, duro y eficiente genera grandes resultados.

Continuando con este tema, incluiremos un estudio referente a la tecnología 5G, la cual ha generado situaciones de escándalo desde 2019, como el caso de Trump con China, los rumores que decían que afectaría la salud y otras *fake news* que forman parte de la historia reciente de dicho país, sin dejar de lado, en el quinto apartado, los avances de la inteligencia artificial china, para dar cabida a un capítulo de carácter reflexivo referido a cómo este país se perfila como una gran potencia de carácter mundial estando bajo un régimen antidemocrático.

Finalmente, en los dos últimos capítulos encontraremos detalles de la guerra comercial entre Estados Unidos y China, llevándonos a un extenso análisis respecto a la batalla que existe entre ambas naciones y cómo será el mundo cuando prevalezca una economía de este «gigante asiático».

Capítulo 1

BREVE HISTORIA DE LA ECONOMÍA CHINA

Referirse a la República Popular China y su economía es hablar de la segunda economía más grande a nivel mundial, si se evalúa en términos del producto interior bruto (PIB) nominal y es la mayor economía del mundo en paridad de poder adquisitivo, según el Fondo Monetario Internacional (FMI).

Es el país con más crecimiento económico del planeta desde los años ochenta, con un promedio de incremento anual de casi 10 %, en las últimas cuatro décadas y su economía aumentó alrededor de 6,9 % en 2017, lo que se traduce en 0,2 % con respecto al año anterior, siendo además, la principal potencia industrial y de exportación de bienes en todo el planeta.

Esta nación se relaciona en igualdad de competitividad con los mercados internacionales, en finanzas e industrias. Según la Federación de Industria y Comercio de China, 60 % del PIB proviene del sector privado. En tanto, las estimaciones de otros académicos, tanto extranjeros como locales, calculan la aportación del sector privado entre 70 % y 80 %.

Con unos recursos asignados en función de mecanismos de mercado, los chinos dominan y monopolizan los sectores estratégicos y tienen un total control de la economía, contando para ello, con el resguardo de las empresas, aspecto que analizaremos con mayor cobertura más adelante.

Asimismo, este país tiene un gran papel en el comercio del mundo. En los últimos años ha pasado a formar parte de destacadas estructuras internacionales como la Organización Mundial de

Comercio, en el año 2001 y en la Asociación de Naciones del Sudeste Asiático, en 2010, sin dejar de mencionar que ha firmado importantes acuerdos, como los tratados de libre comercio bilaterales que sostiene con Pakistán y Suiza.

Todo ello, permitiéndole ocupar el puesto 82 en ingreso per cápita nominal y el puesto 89 en PIB y paridad del poder adquisitivo (PPA), según datos del FMI del año 2013, sin en desmedro que el Gobierno tiene en claro que su tarea fundamental es erradicar la pobreza que los azota, fundamentalmente en el interior del país donde existe una mayor ruralidad y con ello, un progreso totalmente disminuido con respecto a lo que pasa en el sector costero donde prevalece un desarrollo más sostenible y pujante. Cabe mencionar que ya en 2018, la Oficina de Reducción de la Pobreza y Desarrollo del Consejo de Estado, por medio del Ministerio de Comercio, informó que 68 millones de personas habían superado la pobreza en el último lustro.

Además, este progreso no ha sido al azar, por el contrario, forma parte del devenir político que se ha impuesto este país y que se ha visto reflejado en las aspiraciones que el mismo presidente de China, Xi Jinping, ha proclamado y cuyo objetivo es que en la década de 2020 logre que la sociedad viva acomodada, con modestia, pero de manera aceptable, permitiéndoles obtener el completo desarrollo 29 años después. Dichas fechas se homologarían con hitos históricos que han marcado al país anteriormente y que buscan, sin lugar a dudas, marcar el futuro de esta Nación, defendiendo sus orígenes y resguardando su sistema político como camino viable y reconocido por su crecimiento y consolidación, toda vez, que el próximo año se celebra el 100° aniversario de la fundación del Partido Comunista de China (PCCh) y en 2049 el centenar de la fundación de la República Popular China.

Tampoco hay que dejar de mencionar que durante esta hoja de ruta que ha trazado el gobierno chino, no ha estado exenta de problemáticas sobre todo desde el mundo occidental, quienes a través de los medios de comunicación se ha publicitado que este país practicó, presuntamente, comercio desleal, devaluación artificial del yuan, espionaje industrial, robo de propiedad intelectual, favoritismos locales y proteccionismo, entre otros aspectos irregulares. Sin embargo, aquello no los ha mermado en seguir construyendo y fortificando su imperio, perfilándose como un referente sin precedentes.

Ahora bien, antes de continuar refiriéndonos a esta China actual y lo que su futuro conllevaría, es importante entender y comprender el devenir que ha marcado a este «gigante asiático» y cómo su progreso tiene connotaciones inigualables en la historia reciente del mundo.

En 1949, China era un país rural con un desarrollo industrial que dejaba mucho que desear. La agricultura era de carácter intensivo, con una inversión baja, sin política hidrológica, con grandes fluctuaciones en los años secos y de lluvia, lo que causaba desequilibrios en mercados. Además, contaba con una red de transporte muy deficiente y otras circunstancias que jugaban en contra de su beneficio. Si acudimos a datos oficiales de la Organización de las Naciones Unidas (ONU), en 1947 la renta per cápita era de 40 dólares anuales, la mitad era India y quedaba muy debajo de la renta media mundial, fijada en 250 dólares.

Durante la Segunda Guerra Mundial comienza la reforma agrícola, que se extiende al país entero al culminar el conflicto bélico. En esta primera fase se confiscan las tierras a los terratenientes para redistribuirlas entre los pequeños agricultores y personas con sueldo agrícola. Luego se procede a la creación de cooperativas y colectivos. Esto, unido a situaciones climáticas, provoca que entre 1959 y 1961 la producción baje y se llegue a tiempos de hambruna para sus habitantes.

Hay que recordar que al terminar la guerra, el Gobierno pasa a nacionalizar una serie de industrias, el comercio al mayor y la banca, centrando el control de estas actividades económicas en pocas manos. En tanto, en 1953 se aprueba el primer plan quinquenal que sigue el modelo soviético, cuya meta consistía en la creación de 694 centros fabriles y con ello, una importante capacidad técnica propia del sistema soviético.

Sin embargo, cuatro años más tarde, el país se separa de las líneas soviéticas, lo que coincide con la «Campaña de las Cien flores» que fue un breve periodo donde el Gobierno se abrió a la crítica y el debate de sus problemas políticos y económicos, creándose en 1958, el segundo plan quinquenal, conocido como el «Gran Salto Adelante», el cual se basaba en un conjunto de medidas cuya tendencia era forzar el crecimiento de la economía.

El plan sigue el modelo soviético que buscaba aplicarse al país entero y logra resultados cuantitativos significativos, desde sus inicios; duplicando en un año la producción de acero y hierro, reflejando para el mundo industrial grandes inversiones. En tanto, en el otro lado de la moneda, para la actividad agronómica, este periodo representó colectivos de explotación, el gran tamaño de las comunas establecidas, sumado a los desastres naturales como inundaciones o sequías que consternaron al territorio, causaron una bajada en la producción y el incremento de la carencia de alimentos.

Este último aspecto, conllevó que en 1961 se entrase en una etapa de depresión, en la que se deshacen las comunas agrícolas por no ser eficientes y se produce la ruptura con la Unión Soviética, cancelándose los proyectos iniciados con la cooperación y se reducen metas ambiciosas de crecimiento que demostraron ser inútiles.

Pese a este panorama devastador y manteniendo una visión de supremacía basándose en un sistema comunista, en diciembre de 1978 se impulsaron los reformistas, bajo la dirección del Partido Comunista de China, encabezado por Deng Xiaoping y cuyo objetivo de estos era impulsar el crecimiento de la economía para el bienestar de los chinos.

La primera etapa tuvo lugar al final de los años setenta y al inicio de los años ochenta. Incluía retirar a los colectivos de la agricultura, que se abriera el país a la inversión extranjera y que los emprendedores pudieran comenzar a fundar empresas. La fase que siguió a este proceso fue una reforma que se llevó a cabo a fines de los años ochenta y noventa, la que se centró en la industria pesada, con monopolios públicos que se mantienen en sectores como banca y petróleo. Esto le permitió que el ámbito privado creciese notablemente, reflejándose un incremento del 70 % del PIB de China, para 2005. Cabe destacar que desde 1978 a 2010 la economía tuvo un increíble ascenso de 9,5 % anual.

Ahora bien, para comprender cómo fue este crecimiento y el proceso que conllevó a esta destacada alza, es importante considerar el manejo que ha existido por parte del gobierno chino con el mundo empresarial, tanto público como privado, y comprender su injerencia en su desarrollo, teniendo presente su productividad en el sector primario y secundario, sus problemáticas en el ámbito del medio ambiente y su sostenida participación, en aspectos fundamentales como el ámbito energético.

Empresas públicas y privadas

En el momento en el que se dan las reformas, terminando los años setenta, China estaba en pleno desarrollo y luchaba por alimentar a una población inmensa de casi mil millones de habitantes. La reforma fue un desafío necesario para proporcionar incentivos económicos racionales, mientras que se constituía una red de seguridad social elemental para superar los temores del cambio. En este contexto, se trató de un enfoque que defendió los derechos existentes, con el fin de disminuir las resistencias; a la vez que se crearon fuertes incentivos para la riqueza. Fue una filosofía de reformas de doble vía, conocida como «reformas sin perdedores».

La principal atención de este proceso se centró en el campo agrícola, tomándolo como modelo para las reformas de otros sectores. La primera vía buscaba cumplir con las cuotas de producción obligatorias, con precios fijos y bajos. La segunda, consistía en una producción a precios de mercado, que eran más altos. Esto, combinado con la concesión de derechos de propiedad, que eran casi privados, crea tasas de ganancia marginal de 100 %, para cualquier producción nueva. El éxito de este plan es tal, que se mantiene en los años ochenta y las dos vías se unen en una, en 1992.

Este sistema nuevo de economía, con empresas públicas (o *danwei*), lucha por tener un espacio ante los retos. Enfrentando pérdidas que llegan a un máximo de 102 600 millones de yuanes, lo que se traduce en unos 12 750 millones de dólares, en 2005; con un aumento del 56,7 % anual, según cifras de la Oficina Estatal de Estadísticas, en los dos primeros meses de 2006. Las pérdidas llegan a las empresas del Estado o las controla el Gobierno y alcanzan la suma de 26 200 millones de yuanes o 3250 millones de dólares.

Los costos aumentan con un sistema de fijación de precios ineficiente. Las causas principales de esto, de acuerdo a Jiang Yuan, miembro de la Oficina Nacional de Estadísticas (ONE), a deficiencias tecnológicas de la década pasada. El crecimiento del sector privado desplaza la de los activos de empresas en casi 99 %, al final de los años setenta, y al 25,2 %, en 2013. Esto ocurre porque los resultados se mantienen por debajo de las empresas privadas.

En 2016, el FMI informa a las autoridades sobre la alta deuda que tienen las empresas del país, especialmente las públicas. Aunque la deuda estatal y de hogares sigue siendo razonable (40 % del PIB, en cada caso), las empresas llegan a 145 % del PIB, pero solo las del Estado representan 55 % de la deuda total, mientras que la participación en producción total es de solo 22 %.

En tanto, la presencia de empresas extranjeras en China es responsable, en parte, de la aceleración de las exportaciones. Al consolidarse el socialismo de mercado muchas empresas se implantan en el país, lo que hace que nazca el nuevo «taller del mundo», gracias al *dumping* social de las fábricas, que atraen mano de obra preparada a las costas donde se establecieron muchas industrias. En el año 2006, solo 41 % de las exportaciones pertenecían a las empresas chinas; 39 % correspondían a empresas con un 100 % de capital de afuera; y 20 % fueron el resultado de la sociedad entre extranjeros y locales.

China continental es un atractivo para las empresas que buscan mano de obra barata, sin sindicatos y obedientes. El hecho de que no haya organizaciones de trabajadores chinos es un beneficio para los empresarios que tienen una flexibilidad de empleo que no es viable en democracia liberal.

Sin embargo, el impacto de las empresas extranjeras va más allá de las exportaciones y el empleo de trabajadores domésticos a bajo costo. Es más, las empresas extranjeras crean grandes sinergias para establecer estándares visibles en términos de prácticas de gestión, controles de calidad y métodos de capacitación, que las empresas nacionales pudieron emular. Entonces, en el momento en el que las compañías no nacionales vuelven a China en los años ochenta, todos los técnicos, gerentes y las piezas de repuestos son importados. Pero cuando las empresas y el personal doméstico nativo comienzan a cumplir estos roles, se impulsan los sistemas educativos, con dos millones de graduados en ingeniería cada año y más de 100 parques científicos. El mercado es monumental, no se puede ignorar, con más de 200 compañías en la lista Fortune 500, sin contar que en 2014 Beijing se convierte en la sede de 52 de estas compañías.

Medio ambiente

Ahora bien, considerando lo expuesto, existe en contrapartida, que China es el país más contaminante del mundo, superando a Estados Unidos y con tendencia a aumentar, por lo menos hasta el año 2025. En el 2012 las emisiones eran casi el doble de las producidas en el país norteamericano. Contrario a los demás países industrializados, China extrae gran parte de su energía del carbón, mineral que aumentó el peso de producción entre 1970 y 2010; algo sin precedentes. Para poder remediar esto, el gobierno invierte en nuevos proyectos de energía renovable, como la hidroeléctrica, eólica, solar, geotérmica, biomasa y biocombustibles. Efectivamente, China es uno de los países donde la energía eólica y la solar ha crecido exponencialmente y es una potencia tecnológica en estos ámbitos.

El país cuenta con el reto de alimentar a una gran población y solo cuenta con un 7 % de su superficie en condiciones de ser empleada para la agricultura. Esto se debe a la meta del Gobierno de reubicar 400 millones de chinos hacia otras ciudades en los próximos 25 años; por lo que el área cultivable se reduce al ritmo de 2 millones de hectáreas por año. Es por esto que, desde la primera década del 2000, China ha comprado extensiones vastas de terreno en África. Lo mismo hace con las multinacionales de Occidente, Suramérica o países de Europa. Un ejemplo es el caso de Ucrania, que cedió tres millones de hectáreas a China, un 5 % del país, para que las explote por varios miles de millones de dólares. Cabe acotar que las tierras agrícolas de este país son las más fértiles del mundo.

Ante la presión social, en los últimos años el país ha puesto énfasis en los problemas del gobierno derivados de la polución, para intentar conciliar el crecimiento de la economía con el control de emisiones de carbono y el cambio climático. En 2014, China firmó acuerdos con Estados Unidos con el fin de reducir las emisiones de las dos potencias. Según este plan, para 2025, Estados Unidos debería haber reducido las emanaciones entre un 26 % y 38 %, respecto a los niveles de 2005. Mientras que en China aumentarán hasta 2030, fecha en que las comenzarán a reducir.

Sobre esta tesis, la estrategia de la economía china nunca va a ser sostenible. Hasta el momento se ha drenado la totalidad de los lagos a las afueras de ciudades como Pekín y el país es sede de 16 de las 20 ciudades más contaminadas del mundo; sin contar que la actual negativa de Estados Unidos para participar en el Protocolo de Kioto es una gran prueba de que una nación industrializada no se compromete a reparar los daños que causa su desarrollo económico.

Sector primario

Si mencionamos el sector primario, China es el gran productor y consumidor de productos agrícolas del mundo. Se puede decir que toda la tierra es cultivable y sus productos se usan como alimento humano. China es el mayor productor de arroz y entre sus principales rubros encontramos trigo, tabaco, maíz, soja, papa, sorgo, té, maní, mijo, cebada, semillas oleaginosas, carne de cerdo y pescado. Los grandes cultivos no alimentarios, incluso el algodón, algunas fibras y semillas, brindan a China una proporción de los ingresos de comercio exterior. La exportación de verduras, frutas, pescados y mariscos, cereales y derivados de la carne se destinan a Hong Kong. China espera aumentar su rendimiento agrícola por medio de mejoras en semillas, fertilizantes y tecnología. Según las estadísticas gubernamentales, publicadas en 2005, desde el inicio del siglo la producción asciende sin parar.

De acuerdo con el Programa Mundial de Alimentos (PMA) de la ONU, en 2003 China alimentó 20 % de la humanidad, con solo 7 % de las tierras cultivables del planeta; por eso este país ocupa el primer lugar en producción agrícola del mundo. Debido a factores topográficos y de clima, solo 15 % de la superficie total del país es apta para cultivar. De esto, poco más de la mitad es irrigada y el resto se divide, por igual, entre arrozales y áreas de riego. Aunque el 60 % de la población vive en zonas rurales, hasta la década de los años ochenta, un gran porcentaje de sus habitantes vivía de la agricultura. Desde entonces, muchos han sido alentados a abandonar los campos para hacer otras tareas en la industria ligera, el comercio y el transporte son apenas algunos de los muchos ejemplos. Para la mitad de los años ochenta, la agricultura representaba menos de la mitad del valor de producción rural. Actualmente, el sector agrario contribuye solo con 13 % del PIB de China.

Criar animales es la segunda actividad más importante. China es el gran productor del mundo de pollos, cerdos y huevos. También reporta grandes cifras de rebaños de ovejas y vacas. Desde mediados de los años setenta se ha dedicado a incrementar la ganadería. Además, el país tiene una gran tradición de pesca en océano y fluvial, así como en acuicultura. La disminución de especies como langostinos, a raíz de la pesca desmesurada para obtener productos de exportación, se ha manejado a través de la captación de estanques; hecho que tiene mucho protagonismo, como forma de complementar las capturas costeras del continente.

Los inconvenientes climáticos como las sequías, erosiones e inundaciones son amenazas latentes para la agricultura en China. El país tiene hoy en día más de 2500 empresas que fabrican maquinaria para la industria agrícola, cuya tasa de mecanización significa 66 % del proceso de producción.

Los bosques están por las montañas de Qin, las montañas centrales y la meseta de Sichuán-Yunnan. Ya que son inaccesibles, los bosques de Qinling no se explotan en su totalidad. Buena parte de la madera proviene de Heilongjiang, Sichuán, Yunnan y Jilin.

Al oeste de China está el Tíbet, Qinghai y Xinjiang, que tienen poca importancia agrícola a excepción de algunos sitios donde hay floricultura y ganado. El arroz es el cultivo más importante del país, predomina en las provincias del sur y muchas granjas sacan un par de cosechas anuales. Para el norte, el trigo es de gran importancia, mientras que en el centro el trigo y el arroz compiten por el primer puesto. El mijo y el kaoliang, que es una variedad de sorgo, se cultivan en el noreste y algunas provincias centrales que, junto con áreas del norte, tienen cantidades grandes de cebada. Una buena parte del cultivo de soja proviene del norte y el noreste. El maíz se cosecha en el centro y en el norte; mientras que el té proviene de zonas montañosas cálidas y húmedas del sur. El algodón se siembra en provincias del centro y se encuentra en el sureste y al norte. El tabaco proviene del centro y algunas partes del sur; otros productos que se cultivan son papa, remolacha azucarera y semillas oleaginosas.

En la última década, el gobierno ha fomentado la mecanización agrícola y ha aumentado los rendimientos para compensar la pérdida de trabajadores de áreas rurales que han emigrado a otros lugares. Según estadísticas recientes de la ONU, la tasa de crecimiento anual de la mecanización agrícola en China es de 6,38 %. Para 2014, la tasa integrada había aumentado 60 %, con una producción de trigo que superaba el 90 % y una cosecha de maíz cercana al 80 %. Además del equipamiento agrícola estándar, como los tractores, las cooperativas agrícolas de China comienzan a usar la tecnología; un ejemplo de esto son los vehículos aéreos no tripulados, que se emplean para tratar las tierras con pesticidas.

En el 2017 una nueva estrategia de desarrollo rural fue presentada en el XIX Congreso Nacional del Partido Comunista de China, con el fin de mejorar el medio agrícola y las condiciones de vida de los agricultores. El Gobierno reconoció la brecha de desarrollo que hay entre lo rural y urbano, por ello fijó un plan de intervención con el que establecerá un marco institucional y un proyecto político. Según esto, para el año 2035 todos los que viven en medios rurales podrán acceder a los mismos servicios de educación, infraestructura y sanidad, que las personas que viven en otras ciudades; y se espera que en el año 2050 se haya alcanzado por completo el desarrollo rural.

Sector secundario

Por otro lado, está el sector secundario. La industria y construcción representan 46,8 % del PIB de China. Entre los años 2011 y 2013 el país utilizó más cemento que Estados Unidos durante el siglo XX.

En 2009, cerca del 8 % de la producción industrial total venía de China. Ese año ocupó el tercer lugar en este sector. La investigación indica que en 2010 China contribuyó 19,8 % en la producción manufacturera internacional, convirtiéndose en la gran «fábrica del mundo», luego de que Estados Unidos mantuviera la posición alrededor de 110 años.

Para noviembre de 2012, el Consejo de Estado de la República Popular China ordena una evaluación para considerar el posible riesgo social de los proyectos llevados a cabo para la población

Las industrias principales realizaban el procesamiento de minerales, acero, hierro, carbón y aluminio; armas, máquinas, prendas de vestir y textiles; petróleo, químicos, cemento, fertilizantes y alimentos; autos y otros medios de transporte, como locomotoras, vagones, aeronaves y barcos; productos de consumo, calzado, juguetes y artefactos electrónicos; telecomunicaciones y tecnología de información. Sin duda, el país se ha convertido en el lugar predilecto para establecer las instalaciones y fabricas del mundo; al ser una fortaleza como plataforma de exportación que ayuda a mejorar los ingresos.

Desde su fundación, la República Popular China se ha dedicado al desarrollo de la industria. A partir de 2011, 46 % de la producción nacional del país se invertía en este sector; este porcentaje es más alto que en cualquier otra nación. Entre las muchas ramas industriales, la metalmecánica y la producción de maquinarias tiene una gran prioridad. Estas representan casi 30 % del valor bruto total de la producción industrial. Aunque con la innovación general se ha tenido un sistema que recompensa aumentos en producción bruta, en vez de mejoras en variedad, sofisticación y calidad.

China, aún importa cantidades grandes de aceros especializados, producción que crece a una tasa promedio de más de 10 % anual. Con esto ha superado a otros sectores en tema de crecimiento económico y modernización. Hay industrias y productos pesados que se consideran importantes y son propiedad del Estado, pero una proporción, en crecimiento, de industrias ligeras pertenece a empresas privadas o conjuntas privadas.

Acero

Para el año 2012, China fue el país que más produjo acero en el planeta, 45 % de las cifras totales, que se tradujeron en 683 millones de toneladas; un aumento de 9 % en comparación con el 2010. Seis de cada diez productores de acero están en China. Las ganancias son pocas, a pesar de la enorme demanda, debido al endeudamiento y la sobreproducción de productos de alto costo hechos con equipos financiados por la deuda. El Gobierno central es consciente de esto, pero no hay modo de resolverlo fácilmente, porque los gobiernos locales apoyan con firmeza la producción de acero.

La explotación del hierro se mantuvo a la par de la industria de acero a inicios de la década de los años noventa, pero pronto fue superada por la importación de hierro y otros metales. La producción de acero, que se estimó en 140 millones de toneladas en el año 2000, aumentó a 419 millones en 2016. Parte importante del acero del país proviene de una gran cantidad de centros industriales a pequeña escala. Uno de los más grandes es Anshan, en Liaoning.

En 2008, el país fue el principal exportador de acero del mundo, con más de 59,23 millones de toneladas, apenas 5,5 % menos que el año anterior. El declive dio fin al crecimiento de la industria de acero, que duró diez años. Desde 2012, las exportaciones se enfrentaron a impuestos *antidumping* generalizados, pero no volvieron a los niveles previos al 2008. No obstante, la demanda interna se mantuvo firme, especialmente al oeste de la nación, donde la producción de acero se expandió.

En 2012, el regulador bancario de China emitió una advertencia de cautela con respecto a conceder préstamos a empresas siderúrgicas pues, como las ganancias se habían reducido, estas solían usar el dinero prestado con fines de especulación. Según la Asociación China del Hierro y el Acero, la industria siderúrgica pierde mil millones de renminbi (RMB) en el primer trimestre de ese año, lo que representó la primera pérdida del siglo.

China produjo 45 millones de toneladas extras de acero y 250 millones de toneladas de carbón en el 2016, superando su capacidad. Ese mismo año, el Ministerio de Industria e Información publicó un proyecto de nueva reglamentación y aplicación de normas más estrictas para resolver el problema de sobreproducción de acero, cemento, vidrio, carbón y aluminio, e implementó una política de crédito diferencial para las empresas que se puedan reestructurar; sin embargo, las compañías que no se ajusten a las medidas del Gobierno van a verse privadas de la financiación.

Industria automotriz

En el año 2006, China se convierte en el tercer fabricante mundial de autos, después de Japón y Estados Unidos, y en el segundo consumidor más grande, por debajo de Estados Unidos. La producción de autos se había catapultado en los últimos años. En 1985, la producción llegó a 443 377, luego aumentó a casi 1,1 millones, en 1992, e incrementó constantemente cada año hasta 2001, cuando alcanzó 2,3 millones. Para 2002 la producción creció casi 3,25 millones; después saltó a 4,44 millones, en 2003; le sigue la cifra de 5,07 millones, en 2004; 5,71 millones, en 2005; 7,28 millones, en 2006; 8,88 millones, en 2007; 9,35 millones, en 2008 y 13,83 millones, en 2009.

El país alcanzó el puesto número uno en venta automotriz en el año 2009. Desde entonces, las ventas nacionales siguieron el ritmo de fabricación y se sumaron aumentos anuales a mediados y finales de la década de los noventa. A inicios del siglo actual, la demanda de autos se incrementó. En 2006 se vendieron 7,22 millones de vehículos, que son 5,18 millones de autos y 2,4 millones de autos con destino comercial de carga.

En 2010, el país se tituló como el mayor fabricante y consumidor de autos del mundo, después de Estados Unidos, con unos 18 millones de autos vendidos. Las ventas de nuevos autos crecen solo 1 %, se estimó, entre 2011 y 2012, por la escalada en disputa de las Islas Spratly que incluye a Japón, que China era el tercer productor de autos del mundo.

La industria automotriz china comenzó la exportación de autos en 1999. Pero es a partir del año 2004 que la nación comienza a planificar grandes movidas en el negocio, al crear una nueva planta de Honda en Guangzhou, con el único fin de exportar 30 mil autos de pasajeros anuales hacia Europa. Este mismo año, doce de los principales fabricantes de autos tenían plantas en China, donde se dedican a producir una importante gama de autos, minivans, autos utilitarios deportivos, buses y camiones. En el año 2003, el país exportaba autos y componentes con un valor de 4700 millones de dólares; mientras que en el 2004 se exportaron 78 mil unidades, 173 mil en 2005, 340 mil en 2006 y más de 70 mil millones, en 2010.

En los próximos años, el Gobierno tiene el objetivo de que 5 millones de autos eléctricos e híbridos estén en circulación dentro del país; esto para desarrollar una tecnología de baterías de autos eléctricos e invertir 10 mil millones adicionales en una infraestructura de carga.

Energía renovable

Se lograron grandes inversiones en la fabricación de paneles solares y generadores eólicos por parte de varias empresas, respaldadas por préstamos liberales de bancos y gobiernos locales. Pero para 2012 la capacidad de fabricación había superado con creces la demanda interna de ambos productos, en especial los paneles solares, que fueron objeto de sanciones, tanto para Estados Unidos, como para Europa. La sobreoferta global causó recortes de producción dentro y fuera de China, con un presupuesto de 50 mil millones de dólares para poder subsidiar la generación de energía solar en las dos décadas posteriores a 2015; pero con un precio reducido, como resultado del exceso de oferta, desde 2012. Aun así, el costo de la energía solar en China es tres veces mayor que la no renovable.

Energía

Desde los años ochenta, la producción de energía en China ha crecido de manera relevante. Cerca del 80 % de este recurso se genera por medio de combustibles fósiles en plantas térmicas. Con más del 17 % de instalaciones hidroeléctricas, apenas el 2 %

proviene de energía nuclear de las plantas que están en Guangdong y Zhejiang y, aunque China tiene un gran potencial en este sector, aún no alcanza su capacidad de producción.

Uno de los problemas se halla en la distribución geográfica de la energía, ya que esto aleja a muchos usuarios de estos recursos. El noreste es rico en carbón y petróleo, la parte central del norte de China cuenta con mucho carbón y el suroeste tiene un gran potencial hidroeléctrico. Las regiones industriales alrededor de Guangzhou y la región de Bajo Yangtzé tienen pocas fuentes de energía, mientras que cerca de las principales áreas de recursos energéticos, exceptuando la zona sur del noreste, se localiza una pequeña parte de la industria pesada.

Gracias a las preocupaciones ambientales, el país ha querido reducir el uso de carbón (que representa el 70-75 % de la producción energética) para pasar a una mayor dependencia de petróleo, gas, energía renovable y nuclear. Con este fin, China ha cerrado miles de minas de carbón en la última década y, de acuerdo con las estadísticas de la nación, esto ha reducido la sobreproducción de este mineral en más del 25 %.

Desde 1993 China ha sido importador neto de petróleo, gran parte del cual proviene de Oriente Próximo. El petróleo importado implica el 20 % del que se procesa en China y su interés en diversificar las fuentes de crudo ha llevado al Estado a invertir en yacimientos de petróleo en el mundo; por ello comenzó a desarrollar importaciones desde Asia Central y tiene inversiones en Kazajistán.

Entre los planes de Beijing se encuentra el aumento de la producción nacional de gas natural, que hoy refleja el 3 % del consumo total. Por esta razón, en el décimo plan quinquenal incorporó estrategias para expandir el uso de gas de 2 %, de la participación en la producción total de energía, a 4 % para 2005.

También se solicitaron mayores medidas de conservación energética, el desarrollo de fuentes de energías renovables y una mayor atención al cuidado del ambiente. Para 2010 se pedía en las directrices reducir 20 % del consumo de energía por unidad de PIB. Beijing tiene la intención de seguir mejorando la eficiencia energética y promover el uso de tecnología de carbón limpio. Para ello cuenta con grandes recursos hidroeléctricos. La presa de las Tres Gargantas es uno de ellos. Este centro tiene una capacidad de 22 500 MW y se estima que su participación como fuente de electricidad aumente de 1 a 5 %, en 2030. Por su parte, la ley de energía renovable, que entró en vigor en 2006, exige que el 10 % de la energía provenga de fuentes limpias, para 2020.

Carbón

China cuenta con grandes reservas minerales, de las cuales el carbón es la más importante. Los depósitos de carbón están dispersos en cada provincia y la mayor parte se halla al norte del país. Se cree que la provincia de Shanxi tiene la mitad del total del mineral. Aunque también hay otras provincias importantes como Liaoning, Hebei, Jilin, Shandong y Heilongjiang. Igualmente, están las provincias del norte, con grandes cantidades de carbón en Sichuán y con depósitos valiosos en Yunnan, Guangxi, Guangdong y Guizhou.

La mayoría de los yacimientos del país se componen de un buen carbón bituminoso, pero con enormes depósitos de lignito; mientras la antracita se presenta en varios lugares, especialmente en Liaoning, Guizhou y Henan.

Con el fin de garantizar una distribución más uniforme de los suministros de carbón y reducir la presión en una red de transporte aún inadecuada, las autoridades se enfocaron en desarrollar un buen número de pequeñas minas de alcance local, por todo el país. Gracias a esta campaña, luego de 1960, se establecieron miles de pozos con más de la mitad del carbón de China. Observando este panorama, se puede entender porque la salida de este mineral puede costar tanto, pues se usa para el consumo local; lo que ha llevado a implementar menos medidas de seguridad en minas no reguladas, que generan muchas muertes al año.

A pesar de que la caída en los precios de carbón en 2015 causó despidos en minas del noreste, el mineral forma parte de la mayoría del consumo energético de China; quien sigue siendo su mayor productor y consumidor en el mundo. A medida que la economía siga creciendo se estima que la demanda aumente también; pues, aunque la participación del carbón en el consumo total de energía se reducirá, el uso de este mineral seguirá creciendo en términos absolutos hasta que se desarrollen otras alternativas. En este punto cabe destacar que la dependencia creciente de carbón, como fuente de energía, contribuye a poner al país en vía a ser el mayor emisor de dióxido de azufre en el mundo, causando lluvias ácidas y gases de efecto invernadero.

Petróleo y gas natural

Los recursos petrolíferos en China están en el noreste y en las provincias de Sichuán, Xinjiang, Gansu, Henan, Qinghai y Shandong. La lutita bituminosa se encuentra en varios sitios, especialmente en la ciudad de Fushun, en Liaoning, donde están los depósitos de carbón. En Guangdong se encuentra el petróleo liviano de alta calidad, específicamente en el estuario del río de las Perlas, el mar de China Meridional, la cuenca de Qaidam, en Qinghai, y la cuenca de Tarim, en Xinjiang. El país es consumidor de gran parte de lo que produce, pero exporta crudo y productos derivados del petróleo. La nación ha trabajado y desarrollado yacimientos de petróleo ubicados en el mar de China Meridional, Mar de China Oriental, mar Amarillo, golfo de Tonkin y mar de Bohai.

Para el 2013, el ritmo de crecimiento económico en China excedía su capacidad nacional de producción y, a mediados de ese año, las inundaciones arruinaron los campos de petróleo del país, lo que dejó como consecuencia que el país comenzara a importar petróleo para compensar la reducción de la oferta y superar a Estados Unidos. Es así como, en septiembre de este mismo año, se convierte en el mayor importador de petróleo.

Con respecto al gas, no se conoce la extensión total de los depósitos, porque no se ha explotado extensivamente. Sichuán representa casi la mitad de las reservas y producción de gas natural conocidas. Gran parte del resto del gas se asocia a los yacimientos petrolíferos del noreste, especialmente en el campo petrolero Daging, donde se hallan otros depósitos de gas en la cuenca de Qaidam, Jiangsu, Emei, Zhejiang, Shanghái y el litoral, al suroeste de la Isla de Hainan.

Por parte de los economistas Mete Feridun y Abdul Jalil, el desarrollo financiero ha llevado a que se reduzca la contaminación ambiental; dicen los autores que las emisiones de carbono se determinan por los ingresos, el consumo de energía, la apertura comercial y los hallazgos que confirman las existencias de una curva de Kuznets ambiental.

Hidroeléctrica

El país tiene potencial para producir energía hidroeléctrica gracias a su extensa red fluvial y sus montañas. Gran parte de la capacidad total se encuentra al suroeste del país, donde el suministro de carbón es deficiente, pero la demanda energética aumenta.

Es aquí donde las primeras centrales fueron construidas por los japoneses, cuando ocuparon Manchuria, debido a las altas fluctuaciones de las precipitaciones. El flujo de ríos tiende a reducirse en el invierno, lo que obliga a muchas centrales a operar a capacidades inferiores a las normales. Las inundaciones interfieren con la generación. Luego de trece años de construcción, con un costo de 24 mil millones de dólares, la gran presa de las Tres Gargantas se completó en 2006 y comenzó a operar en 2012, al otro lado del río Yangtsé.

Minería

A pesar del aumento de la producción, gracias a la modernización de procesos y equipos mineros, la gran industrialización exige importaciones de minerales del exterior. Especialmente de hierro, que proviene de Australia y Estados Unidos y se ha disparado desde inicios del 2000, ya que la elaboración de acero supera la producción nacional del mineral. Por otro lado, China extrae recursos naturales de algunos países de África para afianzar su crecimiento económico, principalmente en el Congo y Gabón.

Los minerales que se explotaron en 2004 fueron carbón, 2000 millones de toneladas; hierro, 310 millones de toneladas; petróleo crudo, 175 millones de toneladas; gas natural, 41 millones de metros cúbicos; mineral de antimonio, 110 000 toneladas; concentrados de estaño, 110 000 toneladas; níquel, 64 000 toneladas, concentrados de tungsteno 67 000 toneladas; sal no refinada, 37 millones de toneladas; vanadio, 40 000 toneladas; y mineral de molibdeno, 29 000 toneladas. En orden de magnitud, los minerales que se extraen son bauxita, yeso, barita, magnesita, talco y otros que tienen relación con el manganeso, espato flúor y zinc; sin contar que China produjo 2.450 toneladas de plata y 215 toneladas de oro, en 2004. La parte minera representó 0,9 % del total de empleos en 2002 y alrededor de 5,3 % de la producción total de la nación.

Metales y no metales

Las principales reservas minerales de hierro están en las provincias de Hainan; mientras que las provincias de Gansu, Sichuán meridional, Guizhou y Guangdong tienen depósitos considerables. Grandes depósitos minados se encuentran al norte del río Yangtsé y abastecen las empresas siderúrgicas vecinas. Con excepción del níquel, el cromo y cobalto, China está bien provista de ferroaleaciones y manganeso. Las reservas de tungsteno son muy grandes, con recursos de cobre moderno y mineral de alta calidad, presentes en algunos yacimientos. El plomo y zinc se halla disponible y se cree que los recursos de bauxita son abundantes; así como las reservas de antimonio de China son las más enormes del mundo. Los recursos de estaño son amplios y también las reservas de oro. El país es el quinto mayor productor de este material precioso y, a inicios de siglo, se convirtió en un destacado productor y exportador de metales raros, necesarios para las industrias de alta tecnología.

Esta nación también genera una buena cantidad de minerales no metálicos; uno de ellos es la sal, que se extrae de sitios de evaporación costera en Jiangsu, Hebei, Liaoning y Shandong. Por otro lado, se encuentran extensos depósitos importantes de roca de fosfato en varias áreas: Yunnan, Guangxi, Jiangxi y Hubei; hecho que ha acelerado la explotación de este mineral, desde 2013, originando 97 millones de toneladas métricas de roca de fosfato anuales.

Las piritas están en varios sitios, tienen depósitos importantes en zonas como Shanxi, Shandong, Hebei y Liaoning. El país tiene vastos recursos de fluorita, yeso y amianto, una buena producción de cemento y las reservas más grandes del mundo de clínker y piedra caliza.

Servicios:

Desde 2010, el país ocupa el tercer lugar en el sector servicios, luego de Estados Unidos y Japón. Con alta densidad en telecomunicaciones y un potencial que asegura que China se mantendrá en una trayectoria de gran crecimiento, a largo plazo. Para 2010, el sector de los servicios produce 43 % del PIB anual del país, solo superado por manufacturas. Sin embargo, la proporción del PIB sigue siendo poca, en comparación con los países más desarrollados y el sector agrícola, que emplea una fuerza de trabajo más grande.

Antes de que comenzaran las reformas económicas en 1978, el sector de los servicios de China se caracterizaba por tiendas del Estado, racionamiento y precios regulados. Con la reforma llegaron mercados privados, empresas individuales y el sector comercial. El comercio mayorista y minorista se expandió rápidamente, gracias a la creación de innumerables centros comerciales, restaurantes, tiendas y hoteles, edificados en áreas urbanas. La administración pública siguió siendo elemental en el sector de los servicios, mientras que el turismo se convirtió en un elemento importante de empleo y fuente de divisas.

Chengdu posee edificios únicos como el New Century Global Center, de cien metros de altura, 500 metros de largo y 400 de ancho; cuenta con tiendas, cine de catorce salas, hoteles, oficinas, parque acuático, playa artificial, pantalla LED de 150 metros, pista para patinar, recreaciones de una aldea mediterránea, un barco pirata y sol artificial las 24 horas del día. Además, el sitio tiene 15 mil plazas de estacionamiento.

Telecomunicaciones

Las comunicaciones en China son diversificadas y conectan todas las zonas del país por internet, telégrafo, radio, televisión y teléfonos.

La cantidad de usuarios de internet o cibernautas conectados en toda China aumentó 23,4 %, y a 162 millones hacia junio de 2007. Esto convierte al país en el segundo usuario de internet en el mundo, después de Estados Unidos, según el Ministerio de Industria y Tecnología de la Información de la República Popular China. Para el 2006 los usuarios de teléfonos móviles enviaron 429 mil millones de mensajes de texto, una media de 967 mensajes por usuario, y la cantidad de líneas fijas aumentó un 79 %, especialmente en zonas rurales. Mientras que la tasa de penetración de celulares fue del 34 %, en 2007.

Turismo

El turismo en China es una de las actividades económicas que más crecimiento ha tenido en los últimos años, con una gran ventaja competitiva, según el Consejo Mundial de Viajes y Turismo (WTTC). Este sector aporta 16 000 millones de dólares a la economía. Para el 2011, el total de turistas fue de 58 millones y los ingresos alcanzaron los 48 000 millones de dólares.

En el país el turismo representa más del 90 % de tráfico turístico del país. El turismo contribuye en más del 70 % de los ingresos totales en este sector. Para 2002, los turistas del país llegaron a los 878 millones y los ingresos fueron de 46,9 mil millones de dólares. Con una clase media que crece con un elevado poder de consumo.

China internacionalmente

El país sigue participando plenamente en la economía internacional, amplía el acceso a la inversión extranjera, ofrece financiamientos para promover una competencia justa y abierta y crea un sólido entorno empresarial. Se aceleran las negociaciones de acuerdo con el libre comercio y los tratados de inversión con los países pertinentes, a través del desarrollo de zonas piloto de libre comercio en China y de las reformas de cambio basadas en el mercado.

Debido al peso demográfico en el planeta y al aumento de las ratios económicas, el país está llamado a ser la primera potencia económica mundial en los años siguientes. Se tiene que contextualizar este liderazgo y las grandes potencias actuales, especialmente las occidentales como EUA y la Unión Europea; donde existe una gran correlación entre las variables económicas absolutas y las relativas, como la renta per cápita. En el caso de China esto no es así, aunque se experimentó un aumento del 485 % de la renta, en la última década, pasando de 930 dólares en el 2000 a 5445 en el 2010.

La riqueza se halla desigualmente repartida, genera grandes brechas sociales y merma la competitividad media por persona. Por eso, el ascenso económico se apoya en la cantidad de sus habitantes, que es la quinta parte del planeta, al igual que sucede en India, otro país con características demográficas similares. A pesar de esto se tiene que recalcar que el país mejora siempre, y que es un gran competidor, generando abundancia y bienestar para los ciudadanos.

Todo lo visto en este capítulo demuestra el crecimiento que tiene China y que no necesita un sistema democrático, ni participar de la ideología latina o las políticas que muchos defienden. Más adelante comprenderemos mejor este punto y cómo impactará al planeta el crecimiento inevitable de China.

El reciclaje en China

Aunque este país produce más desechos a nivel mundial, el final de una era de reciclaje tuvo lugar el primero de enero de 2020. Durante décadas, China recibió residuos para su tratamiento, pero ahora no admite basura sólida extranjera de ningún tipo. Esto representa el cierre de un ciclo que comenzó en 2017, cuando el Gobierno chino rechazó este tipo de importaciones para proteger su propio medio ambiente y la salud de sus ciudadanos. Cuando se tomó la decisión, el caos se sembró en las cadenas de reciclaje del planeta y España no estuvo exenta de la situación.

Ahora solo se recibe en el país material reciclado, si este ha cumplido su proceso afuera. Un ejemplo es que admiten la pulpa de papel, más no el papel usado. El director del departamento de basuras sólidas y químicas del Ministerio de Ecología y Medio Ambiente (MEE), expresó que cuando no tengan ninguna importación de desechos extranjeros la victoria estaría al alcance de la mano.

Se tiene la teoría de que los países ricos mandan desechos para su reciclaje, como metales, plástico o papel, y que los países en vía de desarrollo, buscan la manera de aprovecharlos, pero la verdad es que en el mundo apenas una pequeña cantidad de estos puede ser reutilizable. La mayoría de los desechos llegan con mucho sucio o mezclados con residuos que no se reciclan y dañan lo que podría reciclarse. Esto hace que se incineren o que paren en vertederos, algo que termina dañando y contaminando el medioambiente; especialmente el plástico, la gran plaga de la época que parece casi incontrolable.

Cuando se dictó la prohibición se esperaba que todos los países redujeran las producciones de basura. Fue un veto que aumentó la presión de los países que exportaban residuos para que analizaran cómo producir menos; ahí es donde está el verdadero conflicto. Antes de 2017, China procesaba la mitad de los productos reciclados del planeta: más de 45 millones de toneladas de metal al año, de papel usado y de plástico. Pero desde que entró esta prohibición, el primero de enero de 2018, las cifras no han dejado de caer. Ese año ingresaron 22,63 millones de toneladas; a principios de 2019 fueron 13,48 millones y en noviembre de ese mismo año 7,18 millones, representando una caída del 41 % interanual.

Cuando comenzó a ejecutarse esta política, lo primero que se prohibió fue la llegada de 24 tipos de basura, donde se incluyen los plásticos. Luego se amplió esta lista, restringiendo 56 categorías, entre las que se encontraban el serrín y la chatarra de coches. Pero, a pesar de estas medidas, las empresas podían pedir excepciones para que entrara material vetado, hasta que en 2020 todo acabó.

Un informe del Greenpeace East Asia, de 2019, indica que entre 2016 y 2018 gran parte de los desechos plásticos del mundo se dirigió a regiones y países que no tenían tanta regulación. En especial al sureste asiático, pero también a otros lugares sin restricciones adecuadas para impedir estas importaciones inmensas, o con capacidad para poder procesarlas. De acuerdo con el estudio, las exportaciones de plástico se han reducido y los exportadores ahora acumulan residuos sin procesar o procesados erradamente.

El tratamiento de residuos comenzó en China en los años ochenta, mientras se desarrollaba el sector de la manufactura y la necesidad de materias primas estalló. El usar los materiales de este modo fue una manera de cubrir la demanda sin aumentar tanto los costes.

Desde ese momento, cerca del 95 % del plástico de la Unión Europea y el 70 % del norteamericano llegaba a plantas chinas para ser reciclado. El negocio fue muy próspero, al punto de que ciudades completas como Guiyu, la capital informal del reciclaje de productos electrónicos, basaron su economía en el sector. Apenas en el año 2016, España mandó 207.835 toneladas de plástico a China.

Sucedía que muchas empresas especializadas en reciclar eran pequeñas en infraestructura, sin contar que el proceso era cuasi artesanal y con estándares laxos. Todo esto afectó gradualmente el medioambiente, contaminó acuíferos y emitió altos números de carbono. En Guiyu la contaminación de materiales pesados afectó al 90 % de los niños, quienes resultaron con niveles altos de plomo en sangre. De acuerdo con datos aportados por la Televisión Central de China (CCTV), en 2017 el Ministerio de Protección Medioambiental, como entonces se conocía este ente, indicó que 60 % de las plantas de reciclaje inspeccionadas violaban las leyes ambientales del país.

En las últimas tres décadas, la producción de basura propia ha crecido mucho, cada año se acumulan 215 millones de toneladas de basura sólida, de acuerdo con la Oficina Nacional de Estadísticas, y muchos de estos desechos terminan incinerados o en vertederos. El país solo recicla del 20 al 30 % de los residuos plásticos. El principal vertedero, que es del tamaño de cien campos de fútbol, ya está a rebosar de basura; alcanzando su máxima capacidad 25 años antes de lo que se esperaba.

Con la prohibición de las importaciones de basura de otros países, se estima que se concreten los recursos para gestionar los desechos nacionales. Desde el 2019 se seleccionaron 11 ciudades para que se desarrollen programas donde no haya desechos, aumentando el reciclaje de sólidos y la reducción de los demás residuos. El país ha invertido más de 120 000 millones de yuanes, unos 18 000 millones de dólares, en más de 500 proyectos y 900 programas.

En 2020, en Pekín se hizo obligatorio, después de Shanghái, el reciclaje de basura por vecindario. Ya están prohibidas las bolsas de plástico no biodegradables y se espera que para 2022 estas medidas se apliquen en todo el país. La idea es erradicar por completo el uso de este tipo de materiales para 2025.

Esta prohibición de importar desechos no fue una acción política o capricho, pues surgió para desarrollar una industria del reciclaje fuerte y regulada, ya que por mucho tiempo innumerables países acudieron a la facilidad de la exportación de desechos, para no recortar su propia producción de basura.

Aunque la entrada de basura ha disminuido en los últimos años, sucede algo: se ha detectado un aumento en el contrabando de estos productos en cantidades pequeñas, como pantallas y teléfonos móviles, que desmontan fácilmente para ingresarlos por separado. Detener este mercado negro, a pesar de su poca presencia, es difícil. Sin embargo, para poder enfrentar este problema se han aumentado los controles, el rastreo de datos y otras tecnologías que analizan el posible contrabando. Lo cierto es que el país no parará hasta detener este fenómeno y afirma que cualquier violación respecto a la importación de estos productos será castigada con todo el peso de la ley.

La política cambiaria y la moneda china

En el trabajo *El desarrollo económico de China*, del autor Jon Echave Palacios, se habla de la política monetaria y de la economía de China. En parte de la tesis del autor, quien señala que «(...) La política monetaria es ese proceso por medio del cual la Banca Central controla la oferta y los tipos de interés monetarios; con el fin de lograr un conjunto de objetivos orientados al crecimiento y la estabilidad de la economía».

La política cambiaria, por su lado, consiste en una serie de mecanismos empleados para fijar un cambio, es decir, el precio de la moneda expresado en una moneda extranjera o divisa. La idea es que se alcance el equilibrio externo del país, a través de la elección de un sistema de tipos de cambio.

A diferencia de los países que usan una tasa de cambio flexible, en China se trabaja con un cambio fijo. Debido a esta normativa, cada día se establece el precio del yuan, sin tener en cuenta la oferta y la demanda; mientras que, con un cambio flexible, la moneda se ajustaría al equilibrio de la oferta y demanda de la divisa. Por ejemplo, en el caso de una revaluación del yuan, derivada del crecimiento de las exportaciones, el banco central tiene que enfrentar el cambio de valor por medio de una política monetaria expansiva. De esta manera, se contrarresta la subida y se sostiene la tasa del día.

Este sistema cambiario beneficia las exportaciones. La capacidad de poder que determina el tipo de cambio. Esto favorece el comercio exterior; de hecho, esto ha causado quejas en las empresas norteamericanas. La ventaja de esta estrategia cambiaria consiste en mantener depreciada la tasa de conversión en el país. Si el Yuan está infravalorado, los chinos rebajan el precio de sus productos, lo que hace que la producción local de otras naciones tenga una desventaja clara. Las quejas, en este aspecto, han sido notorias y se han generado sugerencias para que se flexibilice esta política.

Si analizamos la evolución del precio del yuan, se ven distintas movidas en el tablero. Hasta el 2005, por más de una década, el país mantuvo la moneda estable, con una apreciación de apenas 4,9 %. Pero en los siguientes 3 años se aprecia hasta llegar al 21 %, lo que supone un gran aumento en dicho periodo de tiempo. Sin embargo, cuando estalla la crisis del 2008 se detiene el alza del yuan por un año, volviendo a la moderación de antes, desde entonces no ha sufrido muchos cambios.

Las diversas tendencias del yuan en su evolución tienen una explicación. Durante el periodo 1994-2005 la moneda se mantuvo estable, debido al sistema de cambio fijo; pero del 2005 al 2008 varió con una apreciación notable, gracias a las flexibilizaciones del tipo de cambio. Esto se dio por la presión de muchos países que exigían una tasación real del yuan y no una infravalorada.

Desde 2008, el país volvió a manejar un modelo cambiario poco variable. Al terminar el 2014 la moneda cotizaba 6,14 yuanes por dólar; y en 2015 promediaba en torno a los 6,27 yuanes por dólar, con una ligera alteración. La razón fue, de nuevo, por el tipo de cambio fijo, que mantiene la estabilidad de la tarifa cambiaria imperante en este periodo. Se espera que haya una flexibilización de la moneda en futuros cercanos. De ser así, el aprecio del yuan sería destacable y esto le permitiría al país mejorar en el comercio mundial, al lograr más equilibrio y beneficiar con esto a los demás países.

En lo que tiene que ver con la política monetaria, sería bueno analizar los tipos de interés y la masa monetaria que tiene el Banco Popular de China. Si tomamos en cuenta la evolución de los tipos de interés, se puede ver un par de bajadas en los últimos años.

La primera bajada la vemos en el 2008, cuando el Estado tuvo la intención de enfrentar la crisis financiera y desarrolló el Plan de estímulo económico de China, que fue multimillonario. El segundo declive lo encontramos en 2015, cuando el tipo de interés se redujo a 4,6 %, un nivel que no se registraba desde décadas atrás. En esta ocasión, las alertas sobre la reducción en las tasas de crecimiento causaron el desplome de las *commodities* y la renta variable, lo que requirió un estímulo en la economía para paliar la caída. Gracias a los incentivos prometidos, como disminuir los intereses máximos de los préstamos a un año, se ha podido minimizar el coeficiente de reservas y se ha apaciguado los mercados.

Figura 1

Fuente: Banco Popular de China. Libremercado.com

¿Cómo están los tipos de interés en China, respecto a los distintos mercados mundiales? Son altos, si los comparamos con la zona euro, Japón y Estados Unidos, donde la tasa de interés lleva tiempo entre el 0 % y 0,5 %. En China, el nivel bajo, desde hace dos décadas, se ubica en 4,6 %, una cifra elevada que, a la hora de un declive, no supone repercusión negativa considerable.

Una bajada de los tipos de interés debilita al yuan, y esto tiene más efectos positivos que negativos. Cuando esto ocurre, China logra recuperar confianza, al menos por ahora, además de desarrollar estímulos en la economía y mejorar la capacidad de inversión para las familias, empresas y hasta el Estado, que puede hacer financiaciones que tengan más competitividad.

La verdad es que, aunque una bajada de los tipos de interés constituye un factor positivo, la economía del país tiene desequilibrios que no se pueden solucionar con solo reducir esta tasa; por ello se tiene que agregar la flexibilización de la economía, más control y desarrollo del sistema financiero y luchar contra el fraude.

En lo que respecta a la masa monetaria, desde el 2004 se observa una fuerte tendencia al alza. En China, la también conocida oferta de dinero ha iniciado una gran escalada. Si en el 2004 representaba el 150,8 % del PIB, para el 2014 era del 193 %. Esto ha inyectado liquidez, situando al país en una de las economías con más masa monetaria, quedando en el puesto 10 del ranking mundial, en el año 2013. Para tener un mejor panorama de esta proyección, podemos fijarnos en el siguiente dato: la oferta de dinero en China fue de 110 653 millones de millones en el año 2013, mientras que en Estados Unidos solo fue de 14 283 millones de millones, con la posición 22 en el ranking mundial. En términos de comparación la emisión de dinero es 10 veces inferior a la de Estados Unidos.

Una gran masa monetaria como la que se da en el país tiene su razón de ser. La explicación es la producción de dinero en la que ha entrado el gigante asiático, debido a que el crecimiento del PIB alienta la inversión empresarial y esto impulsa la demanda de capital, generando liquidez, lo que constituye el estímulo que permite el alza del PIB. Como podemos ver, se trata de un ciclo que se repite.

¿Es peligroso para el país esta elevada emisión de dinero? Sin duda, pues esto tiene un efecto directo en la inflación, que tiende a elevarse. Cuando esta asciende afecta a la población, quienes pueden adquirir menos bienes y servicios con el mismo dinero. No obstante, en China no se aprecia el incremento de la inflación. De hecho, según los datos del Índice de Precios de Consumo (IPC), existen riesgos de deflación, ya que sucede algo curioso: el gobierno lanza a la calle mucho dinero, pero se elevan las posibilidades de un exceso de oferta. Esta es una dualidad sorprendente, que lleva a los analistas a cuestionarse la veracidad de los datos del IPC, brindados por el Gobierno chino.

Los expertos aseguran que la población siente el incremento en los precios, pero con el cambio fijo, el IPC no para de bajar. Se trata entonces de esconder la inflación con estadísticas que, presuntamente son manipuladas, para encubrir sutilmente la impresión de dinero. Se apoyan en ejemplos de subidas de precios como el ascenso del 20 % que se dio en los arriendos de Beijing, en el 2012, o el aumento en el precio de la carne de res que se triplicó o fue 5 veces más cara, en algunas regiones del país.

Con esto, no se pretende cuestionar las cifras del Gobierno; nada más lejos de eso, pero ciertamente causa curiosidad que no se hayan originado incrementos generalizados en los precios, tras las inyecciones de liquidez. Si los datos dados por el Gobierno fueran veraces, el aumento de la masa monetaria, además de estimular, permitiría que creciera la inflación y ayudaría a combatir el riesgo de deflación. Finalmente, la política monetaria tiene que destacar que, aunque la bajada en los tipos de interés ha tenido un efecto reparador, a corto plazo tiene un impacto limitado en el incentivo económico. Además, con el estudio de la masa monetaria se ve que el Gobierno depende de la impresión de dinero para impulsar el desarrollo de la economía.

Fortalezas de la economía china

Ahora que tenemos una visión general de China, es hora de destacar las fortalezas de esta nación; tema que iremos abordando a lo largo del libro en varias oportunidades Uno de sus puntos fuertes es la mano de obra, por lo que más se reconoce a nivel mundial. Este sector ayuda mucho a la economía y es uno de los pilares de su desarrollo. Para comenzar, China dispone de una mano de obra abundante, lo cual se explica por su cantidad de habitantes y por su pirámide poblacional en forma de campana, razón por la cual la mayor parte de sus residentes se encuentran en una edad para trabajar. Si a esto se le suman las elevadas reservas de fuerza laboral en el campo y el éxodo rural, que se da en el país de forma masiva, nos daremos cuenta de que dispone de una gran cantidad de mano de obra en todas las áreas urbanas.

Otro punto a destacar, es que la población que representa su fuerza de trabajo tiene una gran preparación y está formada óptimamente. Hecho que se deriva de los esfuerzos desarrollados por el gobierno chino, en materia educativa, en las últimas tres décadas.

Finalmente, debemos resaltar que el país tiene una mano de obra muy económica, siendo este uno de sus principales ejes de crecimiento. Esta es una creencia popular que se apega a la realidad. En el gráfico de abajo se puede ver cómo en China el costo por cada persona está por debajo del que se tiene en otros países desarrollados como Estados Unidos o los europeos. Hay que destacar también que es inferior a naciones como Tailandia o Finlandia, ampliamente reconocidos por tener una mano de obra barata y salarios sumamente bajos. Los factores que explican esto son la baja renta per cápita del país y el gran tamaño de su fuerza de trabajo.

Gráfico 2. Costo unitario de la mano de obra en comparación a Estados unidos.

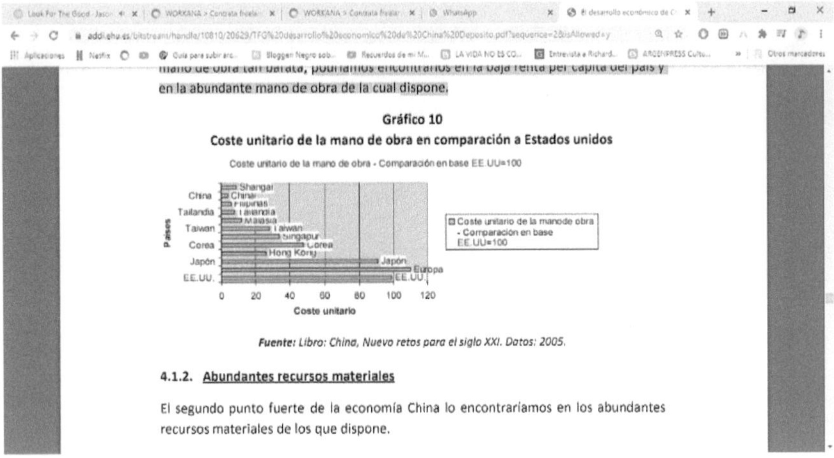
mano de obra tan barata, podríamos encontrarlos en la baja renta per cápita del país y en la abundante mano de obra de la cual dispone.

Gráfico 10

Coste unitario de la mano de obra en comparación a Estados unidos

Fuente: Libro: China, Nuevo retos para el siglo XXI. Datos: 2005.

4.1.2. Abundantes recursos materiales

El segundo punto fuerte de la economía China lo encontraríamos en los abundantes recursos materiales de los que dispone.

Fuente: Libro: *China, Nuevo retos para el siglo XXI.* Datos: 2005.

Capítulo 2

SONDA CHINA CHANG'E-5 Y EL GRAN LOGRO

En el año 2020, luego de casi 45 años, llega una misión a la tierra en tiempo récord y trae muestras de roca lunar. Fue la sonda china Chang'e 5 la que aterrizó al norte del país asiático, convirtiéndolo en la tercera nación, después de Estados Unidos y la Unión Soviética, en conseguir esta proeza La cápsula que estuvo en este proyecto de investigación arribó con éxito a la 1:59, hora de Pekín, del 17 de diciembre, en el área que estaba prevista que lo hiciera: Siziwang, en Mongolia Interior. El despegue desde la Luna fue todo un desafío, porque la órbita lunar es muy distinta a la nuestra. Se precisa que el módulo de órbita de la Chang'e 5 y el de regreso se desacoplaron unos 5000 kilómetros sobre la franja sur del océano Atlántico.

Fue a la 1:33 que el módulo retornaba y entró en la atmósfera a una velocidad de 11,2 kilómetros por segundo, a una altitud de 120 kilómetros de la superficie terrestre. El aparato comenzó a maniobrar y a desacelerar, saliendo y reentrando en la atmósfera. Cuando faltaban apenas 10 kilómetros, abrió el paracaídas y redujo la velocidad, así aterrizó suavemente en la zona planeada. Todo un éxito. El módulo fue recogido para luego ser enviado a Pekín, por vía aérea, donde se sacarían el par de kilos de muestras lunares que recolectó.

El plan es poner la muestra a disposición de otros países, además de exhibirla en el Museo Nacional de China. El fin de esta exploración es que se coopere con otras naciones para construir una base internacional de investigación científica lunar.

Para este viaje se trajeron muestras de zonas inexploradas. Ni los astronautas ni las misiones habían pisado antes ese lugar. Los expertos ya han estudiado ejemplares de roca lunar pero, a pesar de que estudiaron muestras como las de Estados Unidos y los soviéticos, los científicos necesitan más y de distintas épocas para construir la historia total del satélite.

Para la recolección de los fragmentos se utilizó un brazo robótico en la superficie de la Luna. También se empleó un taladro que perforó un par de metros para conseguir muestras variadas de periodos anteriores.

Los científicos desentrañaron los misterios de la actividad volcánica y los impactos de meteoritos sobre la Luna, de los últimos 1000 millones de años. Como dije, estos 2 kilos no solo convierten a China en el tercer país en obtener estas piezas, sino que, por peso, queda en segundo lugar. Las misiones estadounidenses lograron adquirir 382 kilos, mientras que los soviéticos apenas 300 gramos.

Todo este logro se obtuvo en una misión breve, porque el módulo de ascenso despegó el 3 de diciembre y ya el 17 estaba de regreso. Luego de la partida, se acopló el módulo de órbita que se había mantenido a la espera, girando alrededor del satélite terrestre. Una vez ensamblado, los módulos esperaron el momento para iniciar el retorno emprendido el 13 de diciembre.

La Chang'e 5 se lanzó el pasado 24 de noviembre por medio del cohete Larga Marcha 5, que la llevó con éxito al espacio. A finales de julio, también se cumplió la primera misión de China a Marte con la sonda Tianwen 1, cuyo regreso a la Tierra se prevé en mayo.

Este programa se llama Chang'e en honor a la diosa que, según la mitología china, vive en la luna. Comenzó con el lanzamiento de una primera sonda orbital en 2007. El país hace el primer alunizaje en 2013 y para 2019 logra que la sonda Chang'e 4 se pose en la cara oculta, donde aún está, algo que nunca se había logrado en la historia de la exploración de la Luna.

Entre los planes se tiene que una misión tripulada vaya a la Luna y se construya una base científica en el satélite, aunque aún no hay una fecha para esto.

Vamos a ver la evolución de estas exploraciones desde la primera:

La Chang'e 1 es una sonda espacial no tripulada que forma parte del Programa Chino de Exploración Lunar. Voló a la Luna y tiene un cráter lunar con su nombre. Esto sucedió el 24 de octubre de 2007, a las 10:05 horas desde el centro espacial de Xichang. La sonda entró en órbita tal como se tenía planeado y la misión duró 16 meses. El primero de marzo de 2009 se estrelló en la Luna.

La Chang'e 2 partió el primero de octubre de 2010, a las 10:59, desde el mismo lugar.

La Chang'e 3 fue lanzada el 14 de diciembre de 2013, a las 13:12. Logró un alunizaje controlado y así se convirtió en la primera misión china en conseguirlo. Hacía 37 años los soviéticos habían podido lograrlo.

La Chang'e 3 tiene planes de ser precursora en la exploración robótica de la superficie lunar. Basado en esto, los chinos tienen planes de aterrizar con tripulación en el 2025.

La misión Chang'e 3 cuenta con un *rover* lunar de nombre Yutu, o Conejo de Jade. Puede descolgarse del aterrizador y explorar la Luna independientemente. Cuenta con seis ruedas y su construcción se hizo en 2002 en el Shanghai Aerospace System Engineering Institute, donde se preparó una réplica del suelo lunar. Entre las características del *rover* encontramos una altura de 1,5 metros de alto con 120 kilos de peso, y se logró en el 2012, con una capacidad de carga de 20 kilos. El *rover* transmite video en tiempo real, puede excavar y analizar muestras de polvo, moverse por pendientes y cuenta con sensores para evitar chocar con rocas. Tiene como energía un generador termoeléctrico de radioisótopos que permite que opere en las noches lunares. La parte inferior tiene un radar para medir la profundidad y composición lunar mientras va desplazándose.

Este *rover* tuvo problemas en el repliegue de los paneles solares, durante la preparación para hibernar en la noche lunar, lo que hizo difícil su reactivación posterior. Luego de que lo intentaron varias veces, dieron por concluida la misión de Yutu, aunque posteriormente se habló de la posibilidad de recuperarlo cuando vieron que parecía tener actividad, a pesar de la avería.

En marzo de 2012 se dio a conocer que China había comenzado a fabricar el cuerpo y la carga del *Lander* o aterrizador de la Chang'e 3, para llevar a cabo estudios de la Luna y del espacio de manera independiente del *rover*. Esta pesaba cien kilos y tenía 7 instrumentos y cámaras; contaba también con tareas científicas, cámaras y toma de fotos de la tierra y otros cuerpos celestes. El aterrizador tiene un equipo con un telescopio astronómico y una cámara ultravioleta extrema. Esta sonda es el primer observatorio astronómico lunar de la historia y realiza observaciones constantes de cuerpos celestes para ver sus variaciones. La cámara llevó a cabo un estudio de la capa iónica cercana a la tierra, para investigar cómo afecta la actividad solar a la capa.

Con los datos de la Chang'e 1 y 2 se seleccionó el alunizaje de la Chang'e 3. El aterrizador tenía planes de alunizar en Sinus Iridum, la Bahía del Arco Iris, a una altitud de 44° norte. Este lugar es una llanura de lava basáltica, que forma una extensión al noroeste del Mare Imbrium. Sin embargo, por algo que no se tiene claro aterrizó unos kilómetros al este, en el Mare Imbrium.

Con este suave alunizaje terminó un periodo de 37 años sin exploración de la superficie lunar, desde que llegó la sonda «Luna 24» de los soviéticos, en el año 1976.

Conociendo lo visto hasta ahora, sería pertinente profundizar en cómo la supremacía cuántica ha impactado en el mundo, información que muchos no conocen, pero representan un importante paso en nuestro desarrollo.

Capítulo 3
LA SUPREMACÍA CUÁNTICA DE CHINA

¿Qué significa que China haya logrado la supremacía cuántica? Quiere decir que logró crear un sistema cuántico potente, que realiza una tarea prácticamente imposible de hacer con los ordenadores clásicos.

Un equipo de nombre Jiuzhang pudo resolver en solo 200 segundos un problema que al superordenador clásico más avanzado del mundo, el japonés Fugaku, le costó 600 millones de años solucionar. Esto es algo que creó polémica con el chip Sycamore. Sus resultados fueron publicados en la revista *Science*. La proeza del equipo, dirigido por Jian Wei Pan, de la Universidad de Ciencia y Tecnología de China, reside en el modo en que lograron la supremacía cuántica.

Los ordenadores que todos conocemos se comunican entre sí por medio de bits, el lenguaje binario que utilizando cálculos complejos, convierte la información en ceros y unos. Pero en la computación cuántica los sistemas se comunican con cúbits, que pueden ser uno y cero a la vez, por el mismo principio que rige el famoso gato Schrödinger, vivo y muerto al mismo tiempo; lo que multiplica el rendimiento de la tecnología, ya que con menos operaciones se pueden hacer cálculos más potentes, lo que fue en su tiempo la *Big Data*, pero con más ventajas. De ahí que las grandes empresas como IBM o Google inviertan considerables cantidades de dinero en esta tecnología.

El modo en que China logra la supremacía cuántica

Para lograr los cúbits teóricos se tiene que crear un sistema físico que los transporte y manipule. Google lo logra por medio de cúbits superconductores, pero hay otros modos. Desde las trampas de iones a las exóticas cuasipartículas de Majorana, todos buscan crear un sistema que demuestre que sus máquinas pueden hacer tareas que no puede hacer ningún otro ordenador. China lo logra por medio del circuito óptico de muestreo de bosones y utiliza una propiedad cuántica extraña con partículas de luz, o fotones, que viajan aleatoriamente en distintas direcciones dentro de un circuito.

No se tiene un ordenador cuántico *per se*, sino un circuito óptico sofisticado que trabaja con luz cuántica, pero es un experimento complejo, difícil de llevar a cabo por los muchos elementos que lo componen, como el uso de la luz cuántica y las dificultades para mantener la coherencia en todo el sistema.

Son como bolas que se multiplican y dividen. Se puede comparar con una máquina de Galton. Imagina un tablero de forma vertical, que tiene varias filas de clavos. Desde arriba van cayendo bolas que rebotan de manera aleatoria sobre los clavos, llevando las pelotas de un camino a otro, hasta la parte inferior del tablero. En el muestreo de bosones las bolas son fotones y los clavos dispositivos ópticos o espejos, que llevan la luz por distintos sitios.

Sin embargo, las pelotas de luz cuántica no se comportan del mismo modo que las bolas físicas. Los fotones tienen una propiedad extraña que muestra cuándo viajan por medio de divisores de haz, un espejo de los anteriores, que divide un solo rayo en dos partes que se propagan por distintas direcciones.

Si un par de fotones idénticos golpean el espejo exactamente al mismo tiempo, no hay separación entre sí y viajan en la misma dirección, es como si pudieran en cada encuentro con un espejo multiplicarse en dos o más a la vez, hasta ser una sola. La cuestión está en descubrir los caminos de los fotones, en el circuito y el destino final, cuántos salen y por dónde. Una tarea que se hace más difícil entre más partículas de luz, entradas, salidas, caminos y espejos se tienen en el circuito; además de la capacidad de los fotones de dividirse o agruparse de forma aleatoria. De ahí que a los computadores clásicos les sea difícil elaborar los cálculos, mientras que al sistema cuántico chino solo le cuesta 200 segundos, logrando con esto la superioridad cuántica.

El dispositivo de muestreo de bosones llamado Jiuzhang (que utilizó impuestos de láser enviados a un laberinto de cien entradas, cien salidas, 300 divisores de haz y 75 espejos) logra detectar hasta 76 fotones en cada experimento, con una media de 43 fotones de 100, lo que equivale a 100 cúbits; casi el doble que la versión de Google, que contaba con 53. El equipo chino creador de Jiuzhang afirma que la fiabilidad del sistema es de 99 % y que no es reconfigurable, por lo que cada vez que hacen el experimento tienen que cambiar, manualmente, la configuración completa. Igualmente, es un equipo sofisticado. En tal sentido, es similar a la filosofía de Google con respecto al ordenador cuántico, que generaba una sucesión de cúbits aleatorios difícil de reproducir de forma clásica. Ambos comparten el objetivo *ad hoc*: no tienen aplicaciones directas, excepto para demostrar la supremacía cuántica.

Es un experimento arduo, hace 10 años los físicos teóricos Scott Aaronson y Alex Arkhipov argumentaron que el muestreo de bosones solo era posible con equipos cuánticos y que, además, sería el modo de conseguir la superioridad cuántica deseada. La segunda hipótesis estaba errada, pero no así la primera. Algunos no confiaron en la tesis. El estudio demuestra que se puede alcanzar el predominio cuántico usando el muestreo de bosones fotónicos; algo que muchos dudaban, pues representaba una ruta de *hardware* completamente distinta al de los cúbits superconductores que utilizó Google.

A pesar de ser un gran paso en la computación cuántica, la humanidad se encuentra lejos de conseguir ordenadores cuánticos de sobremesa. El dispositivo solo sirve para esta tarea de muestreo de bosones; es decir, algo totalmente específico y con un recorrido más práctico.

No se trata de tener una computadora cuántica escalable en un ordenador cuántico universal, sino de un equipo más específico que pertenece al ámbito de la física teórica. Es un experimento que en sí mismo no es útil, aunque se puede reformatear para aplicarlo a algún ámbito específico, como la química cuántica. Es un aparato para llevar la mecánica cuántica a límites que hasta hace poco no se podía alcanzar. Puede que conseguir la supremacía cuántica no sea útil, pero es un hito científico impresionante.

El otro paso, según los investigadores chinos, es que se consiga pausar el experimento, se hagan mediciones y se redirija a los fotones por el circuito. Aunque parece un logro muy difícil de obtener, mejor pensemos que hace 5 años se creía que el alcance de la tecnología cuántica estaba muy lejos y hoy en día ha habido dos conquistas al respecto.

Sabiendo lo que ha hecho China en el medio cuántico, veamos ahora un avance tencologico que se ha instalado y donde China no está ausente: la tecnología 5G y cómo impacta en Latam.

Capítulo 4

LO QUE DEBEMOS SABER DE CHINA, LA 5G Y AMÉRICA LATINA

Veamos que, apenas son cinco las empresas en el mundo que tienen un *hardware* 5G para el público: ZTE (China), Nokia (Finlandia), Huawei (China), Samsung (Corea) y Ericsson (Suecia).

La importancia en la implementación de redes tecnológicas, se ha visto opacada en reportes de prensa, debido a los esfuerzos de Estados Unidos por impedir que las empresas chinas tengan un trozo de pastel en este mercado. Durante la presidencia de Donald Trump, éste consideró que las compañías chinas eran un riesgo de seguridad que podría ceder a las fuerzas de espionaje de Estados Unidos.

Washington ha presionado a sus aliados para que no utilicen equipos del gigante en telecomunicaciones de la marca Huawei, en redes 5G y ha tenido éxito, especialmente en tierra europea. Pero para América Latina los negocios chinos podrían tener dudosos resultados.

5G no es otra cosa que la quinta generación de conectividad de internet móvil, lo que permite descargar más rápido los datos, con mejor cobertura y conexiones estables. Dado que tiene un mejor ancho de banda, las nuevas redes no solo sirven a teléfonos móviles, como las redes actuales, sino que pueden usarse como proveedores de servicios de internet para computadoras y compiten con los proveedores actuales. Los móviles 4G no podrán usar estas redes, lo que hará que se deban adquirir modelos que sí las soporten; lo mismo que se viene haciendo con las predecesoras. Además de emplear la 5G en los operadores de tecnología móvil, esta se usaría para redes privadas con aplicaciones industriales y otras comunicaciones vitales.

El primer ministro del Reino Unido, Boris Johnson, aprobó hace tiempo una participación menor de Huawei, para construir la red 5G de Inglaterra, pero esto le causó problemas con Estados Unidos, que considera a los asiáticos sospechosos de espiar para el Gobierno.

Aunque la 5G no fue creada por Huawei sino por la compañía sueca Ericsson, es esta empresa tecnológica china la que comienza a estandarizar y desarrollar las redes de prueba durante la Copa Mundial de Fútbol 2018 y, en febrero del siguiente año, lanza el primer móvil con esta tecnología. Actualmente, en Europa, Ericsson y Nokia son los que ofrecen conexión de esta generación. En Estados Unidos se están perfilando Cisco, Juniper Networks o Qualcomm.

Sin embargo, China lleva la delantera en el lanzamiento de las redes con servicio 5G en más de 50 ciudades del país.

Se espera que el mundo utilice esta conectividad para el 2025. Lo que sucede es que piensan que Huawei podría espiar o interrumpir comunicaciones. Esto es importante analizarlo, porque cada día más artefactos se conectan a internet, como autos sin personas, neveras, monitores de bebé y alarmas de incendio. Temen que piratas cibernéticos, que respondan a agentes estatales, puedan usar estos datos como puertas traseras en redes vitales de los estados y crear caos al tomar el control de redes eléctricas centrales y de transportación.

Huawei fue fundada en 1987 por Ren Zhengfei, un ex oficial del ejército. La empresa de telecomunicaciones comenzó creando equipos para redes móviles y hoy es un líder en el sector. Huawei es el segundo proveedor de teléfonos móviles del mundo, después de Samsung, y está adelante de Apple y otros.

La empresa niega rotundamente las acusaciones de que es espía del Gobierno, pero hay quienes dicen con firmeza que sí podría serlo, porque tienen el poder y porque Beijing ejerce demasiada presión al respecto.

En cuanto a América Latina, la disponibilidad de la tecnología 4G varía y su adopción aún es baja. La implementación de 5G solo existe en un número limitado de mercados globales como China, Corea del Sur y Estados Unidos. Pocos son los países latinos que toman medidas para una implementación de la 5G.

Entre estos tenemos a México, Uruguay, Argentina, Brasil y Chile. Se cree que muchas empresas invertirá más en 4G antes de entrar a la 5G. Claro, esto son solo especulaciones.

La aerolínea china Latam parece estar más centrada en tener acceso a la tecnología de alta velocidad, que en determinar si China está espiando o no a las personas. La verdad es que los gobiernos de la región tampoco se ven alarmados por los avisos de Estados Unidos.

El propósito de gran parte de América Latina es atraer inversiones chinas, a través de la telecomunicación u otras industrias; por esta razón Huawei da prioridad a su presencia en esta región.

Caso Brasil

Vamos a Brasil, donde la pugna de la tecnología 5G ha demostrado que Latinoamérica representa un escenario de guerra fría entre Estados Unidos y China, pues ambos quieren dominar la región. Incluso, hubo amenazas entre estos países cuando el diplomático estadounidense, Todd Chapman, expresó al diario *O Globo*, de Brasil, que si Huawei obtenía la licencia para la tecnología 5G, habría consecuencias para el país suramericano.

24 horas antes, el embajador chino, Yang Wanming, había informado que el consorcio tecnológico Huawei abriría un laboratorio para la tecnología 5G en Brasilia, junto con la empresa Telefónica Vivo, de Brasil.

Esta situación pone en evidencia la disputa que crece con la política china y estadounidense en el país más grande de América Latina. La verdad es que el presidente de Brasil, Jair Bolsonaro, tiene la misma agenda política que el expresidente Trump, pero en temas de economía depende de China más que de EUA.

Desde 2009, China relevó a EUA como principal socio comercial de Brasil. El gigante invierte grandes sumas en infraestructura, no solo en Brasil, sino en toda Latinoamérica. En 2019, los brasileños exportaron mercaderías por un valor de 62 mil millones de dólares a China; los tres productos más solicitados fueron hierro, petróleo y soja.

En los primeros seis meses del año las exportaciones aumentan de nuevo en un 30 % y por cada dólar de productos que exporta el país, siete dólares son parte de las ventas de China.

Brasil no es el único país que tiene dependencia en crecimiento con el gigante asiático. Muchos gobiernos tienen claro que la superación de la pandemia, y la crisis derivada, pasa por Pekín; aunque hay quienes temen que haya tensiones entre Estados Unidos y China y esto pueda generar más consecuencias negativas por la falta de coordinación entre los países del Mercosur. Un ejemplo de esto es que, antes, Argentina y Brasil se ponían de acuerdo para superar las crisis de este bloque, pero esto ya no sucede.

Las crisis de los países del Mercosur le dan la oportunidad a China de buscar su espacio geográfico, lo que también tiene como consecuencia la división tecnológica. Las posibilidades de China no son malas en el país brasileño, porque el Gobierno anunció que no dictará restricciones contra Huawei; ya que la mitad del *hardware* de la red brasileña proviene de esta empresa.

En cuanto a Argentina, se cree que el Estado optará por la opción más económica para implementar la tecnología 5G. Las primeras conversaciones entre representantes del Ministerio de Relaciones Exteriores, Comercio Internacional y Culto de Argentina y los chinos se dieron a inicios de junio de 2020. Cada nación busca sobrevivir. Si Argentina y Brasil no se entienden, la pugna entre el águila y el dragón podría afectar a ambos países. Ni durante la Guerra Fría hubo tantas amenazas por la supremacía del águila en América Latina.

La región latinoamericana se va a beneficiar con la 5G, pero de formas aún desconocidas. La tecnología va a permitir que las páginas web abran de manera apresurada; los videos y datos cargarán velozmente y las conexiones serán abrumadoramente rápidas y con una latencia muy baja (que es la capacidad para procesar grandes volúmenes de datos con un retraso mínimo).

Por décadas, China solo ha replicado modelos foráneos, pero se perfila como potencia en tecnología. En este medio, el desarrollo 5G define cuál es la nueva potencia tecnológica entre China y Estados Unidos.

China es uno de los países que se alza como potencia global en el desarrollo tecnológico de esta empresa. Asia cuenta con parques industriales y es sede de nueve de las veinte compañías de tecnología más grandes y valiosas del mundo, con inversiones en desarrollo. Especialmente, en redes y en inteligencia artificial superan al promedio global, pero el arma secreta con la que busca destacarse como potencia de innovación es una sola: las redes de quinta generación o 5G. China va a ser el país que más avanzará en el desarrollo e implementación de las nuevas redes hacia 2023.

La nación asiática está en línea para ganar la carrera de la 5G. Para ellos es prioridad en la agenda del desarrollo nacional. El posicionamiento del país asiático, por delante de otras naciones, no solo significa que China se adelante, sino que por primera vez en décadas la nación aparece con más valía que Estados Unidos, el cual históricamente se viste como el país más innovador.

El avance que ha tenido China en el desarrollo de la 5G y lo que ha invertido y combinado con la vastedad del territorio, hace que pueda convertirse en el país más adelantado en tecnología 5G, en los siguientes dos años, y se espera que para 2025 se tengan 576 millones de usuarios en las redes chinas. Es decir, cubrir al 40 % de la población. Esto representa el 41 % de las conexiones 5G del mundo.

Este progreso no llegará solo; viene con otras piezas que entran en sincronía con el país. Tanto el gobierno como las empresas deben ir de la mano. En este momento ocurre una carrera por ver quién va a desarrollar la 5G más rápido. Los países que se han adelantado al respecto son: China, Reino Unido, Corea del Sur y Estados Unidos, al alistar las empresas más fuertes en la contienda. Justo en este aspecto es donde se pelea por la corona 5G y los negocios; se ve lo que hace el gran asiático, Estados Unidos y Google, así como los punteros. Tanto China como Estados Unidos muestran los músculos en la tecnología, pero en meses recientes, las tensiones llevaron a que Google y Huawei rompieran relaciones comerciales, al punto de que Trump prohibiera a los chinos hacer negocios con firmas estadounidenses.

Huawei es superior a la firma Mountain View en el desarrollo específico y, de acuerdo con analistas, el avance de la empresa pone nervioso al gobierno de Trump. A largo plazo, la 5G puede convertirse en una tecnología que defina la nueva posición de poder en el mundo con la base de la innovación.

Los proveedores de tecnología 5G son Nokia, Ericsson y Huawei. Según informes, cada empresa debe tener por lo menos 25 % del mercado del mundo. Mientras que los operadores inalámbricos de Estados Unidos se trasladan de ciudad en ciudad para colocar la tecnología 5G, está planeado que las áreas urbanas se cubran para finales de 2021 y poco a poco en el resto del país. Está claro que China tendrá presencia en el planeta entero. Con la fortaleza asiática se tienen más armas para enfrentar a Estados Unidos, que prohíbe hacer negocios con los entes del gobierno chino o vender los productos del país. Hoy en día, tener el desarrollo más avanzado permitirá que se abra el camino a otros lados del mundo, sin necesidad de depender del mercado estadounidense, ya que China es el primer país en tener infraestructura y equipos masivos de red. Esto ayuda a tomar decisiones técnicas para que den el paso de acuerdo con los costos reales. Hoy en día, el gigante asiático tiene pilotos comerciales, muchos corporativos, de redes 5G y a la fecha, de acuerdo con *rankings* de la Asociación «GSMA», que es una organización de operadores móviles y compañías relacionadas, dedicada al apoyo de la normalización, la implementación y promoción del sistema de telefonía móvil, determinó que el único país que le hace batalla en esto es Corea del Sur.

Estando en esta tierra, que tiene templos budistas de casi 2000 años de antigüedad y, simultáneamente, cuenta con el segundo rascacielos más grande del mundo, se puede entender la velocidad que utiliza China para aprender y emprender exitosamente.

Tenemos, por ejemplo, el nuevo campus y la oficina central de Huawei en la provincia de Dongguan, a pocos minutos de Shenzhen, que es el Silicón Valley asiático. En este lugar trabajan 10.000 personas y la tecnología está en pleno desarrollo, aunque también se opera pensando en la tensión que hay entre EUA y China con el tema 5G. Ellos la llaman «la situación» y advierten que, si bien la empresa y los empleados no son ajenos al tema, este contexto ha servido como un llamado de atención para que se reten aún más y desarrollen nuevos negocios, con la creación de la unidad de negocios y con la reciente invención en la nube pública, que funciona más o menos como las marcas Amazon Web Services o Azure, de Microsoft, o la inteligencia artificial que tiene el desarrollo de *chipsets*.

Esto los hace más determinados; las grandes firmas se pueden hacer confiadas y es el reto que enfrentan. Las sanciones de Estados Unidos son una llamada a Huawei a no fiarse y así se desafían más. La estrategia es que se eleve la inversión en desarrollo tecnológico para poder abarcar áreas con tecnología propia y reducir la dependencia de otros. En 2018 se invirtieron 15 000 millones de dólares en investigación y desarrollo y esperan aumentar la cifra a unos 17 000 millones de dólares en los próximos años.

Cuando se habla de la estrategia de Huawei para los próximos años, se destaca que hay algo pensado, junto con otras empresas chinas, para desarrollar a largo plazo. Algo en lo que se diferencian los chinos de Occidente es que piensan en el futuro y se visualizan con proyectos que den frutos hasta dentro de unas tres o más décadas.

Teniendo esto en mente, se destacan tres claves de negocios de la firma: la 5G, la inteligencia artificial y la nube; todo esto bajo la premisa de que Huawei haga el desarrollo de la cadena de suministro desde la red hasta los móviles inteligentes. Hasta el momento, se han firmado cincuenta contratos comerciales con el mundo para que se instale la tecnología y ya algunos están en fase de implementación, a pesar de las tensiones.

Se están ejecutando muchos acuerdos de ellos en Suecia, Corea del Sur, y otros mercados. En China no se llega al lanzamiento comercial de la 5G, pues es muy temprano, pero en estos países se instalan más de 600 mil estaciones base de 5G, y un tercio están en China. Si bien muchos siguen buscando una plaza en el mercado, ya están avanzadas las empresas mencionadas anteriormente.

De acuerdo con los datos de GSMA, cada una de estas corporaciones tiene a la fecha un 25 % del mercado del mundo y, a través de alianzas, buscan cómo implementar los servicios y redes de otros mercados como el latino, incluyendo a México. El avance de 5G depende de que se superen estos retos, la disponibilidad del espectro, la definición de los precios de licencia para estos y la inversión para antenas y fibra óptica que soporte la tecnología.

A pesar de que las cifras chinas tienen mucho adelanto en la batalla 5G, se prevé que las tensiones seguirán a largo plazo, porque Estados Unidos no cede fácilmente; ellos quieren el trono de la nación con más innovación global. El miedo de Estados Unidos será constante mientras China, e incluso otros países, lo puedan presionar para dictar las nuevas reglas de la economía, basada en la tecnología.

Sea como sea, la tecnología 5G es un avance más en la humanidad. China es la que lleva el mando al respecto en esta y a Estados Unidos esto le duele. Por tanto, mientras siga su desarrollo la tensión también se mantendrá y, seguramente, la guerra fría no acabará. A los espectadores nos queda sentarnos a esperar lo que sucederá, para ver cómo terminará este drama.

Sin duda tenemos un tema que aún tiene tela por cortar, queda que veamos cómo se va a desarrollar el tema 5G y a su vez sumemos a este problema, el avance de la tecnología china en inteligencia artificial, comparada con otros países, tal como se habla en el siguiente capítulo.

Capítulo 5
INTELIGENCIA ARTIFICIAL CHINA

Para el año 3020 se espera que China lidere el campo de la inteligencia artificial (IA), pues esta es la meta del Gobierno chino, quien no está escatimando dinero para lograrlo.

El gobierno de China y varias provincias del país tienen políticas preferenciales e incentivos financieros generosos para las empresas que emergen en el tema de la inteligencia artificial. Un ejemplo es la ciudad de Shenyang, donde se estableció un fondo de inversión para la robótica de 20 000 millones de yuanes, unos 23 400 millones de dólares de Hong Kong.

Estas políticas son las que han permitido que las empresas chinas desarrollen innovaciones en la tecnología de la inteligencia artificial. La inversión está destinada a multinacionales consolidadas como Baidu, Huawei, Alibaba, ZTE y Tencent; y a empresas nuevas como iCarbonX, Megvii, SenseTime y Mobvoi, *startups* con valoraciones de más de 1.000 millones de dólares como Xiaomi y Didi Chuxing, recientemente con sede en España.

Baidu tiene un sistema de traducción automática que se basa en redes neuronales, que logra una precisión de reconocimiento superior a la humana. Además, ha lanzado «Apollo», una plataforma de código abierto que brinda soluciones de conducción autónoma.

Tencent ha hecho lo suyo, creó un laboratorio de IA que reúne a 50 científicos, investigadores y expertos de clase mundial, con el fin de centrarse en contenidos y juegos basados en la inteligencia artificial.

Megvii se centra en la tecnología de visión por computadora y ha desarrollado un producto de reconocimiento facial denominado Face ++, con el cual se ha posicionado en el puesto 11 de la lista de las 50 empresas más inteligentes, según la revista científica del Instituto de Tecnología de Massachusetts, MIT Technology Review.

iFlytek es líder mundial en procesamiento inteligente del habla y lenguaje natural. Ha alcanzado una fortuna de 12 000 millones de dólares y su tecnología de reconocimiento de voz es capaz de diferenciar los distintos dialectos de China.

Meituan-Dianping utiliza el análisis de *Big Data* para generar una ruta de entrega en menos de cien milisegundos.

La aplicación más grande del país, Didi Chuxing, trabaja en el aprendizaje profundo de la interacción hombre-máquina, mediante la visión artificial y las tecnologías de conducción inteligente. Esta app procesa más de 4500 terabytes de datos, tiene más de 20 000 millones de pedidos al día y utiliza la inteligencia artificial en productos de vigilancia.

Mobvoi tiene su aporte en el habla y el lenguaje natural. SenseTime se enfoca en la visión por computadora y el aprendizaje profundo. Está valorada en 4500 millones de dólares. Por otro lado, tenemos a los fabricantes de drones DJL y robots humanoides, UBTECH Robotics, una empresas innovadora y destacada en el sector, que tiene un enorme recorrido por emprender en los siguientes años, en lo que respecta a la IA.

Este auge de empresas chinas innovadoras en Inteligencia Artificial se consideran una amenaza para el Pentágono, quienes creen que pueden ser espías. Por esta razón, el Departamento de Defensa de Estados Unidos, quiere que el Gobierno prohíba las inversiones chinas en América; a pesar de que se han invertido más de 700 millones de dólares en empresas nuevas, en los últimos seis años. Asimismo, Huawei y ZTE están siendo investigadas por el gobierno estadounidense y los operadores han decido, por ahora, evitar la compra de aparatos inteligentes de estas empresas chinas.

Sea como sea, por más que Estados Unidos quiera cerrarle la puerta, la segunda economía más grande del mundo se ha convertido en el oponente más importante de la inteligencia artificial. Por ende, debemos seguir los pasos de estas empresas y de las que irán naciendo con el paso de los años, pues, si el Gobierno chino logra su cometido, para 2030 Estados Unidos habrá quedado atrás en este tipo de tecnología.

Para China el desarrollo de la inteligencia artificial es un tema de Estado. Pekín tiene su ambicioso plan Made in China 2025, con el que planea alcanzar el poder económico y tecnológico. Por si fuera poco, ha superado a Estados Unidos en el *ranking* de países que más recursos destinan a la IA.

China puso en marcha una estrategia coordinada para la inteligencia artificial que incluye políticas gubernamentales, aplicaciones industriales e investigaciones que buscan convertir el país en líder tecnológico para 2030; un propósito ambicioso pero alcanzable, en el que ya se encuentran trabajando, al desarrollar sistemas de IA que impactan diariamente a la población; mejorando sus tareas, comercio, seguridad, transporte, primas de seguro, diagnósticos médicos y demás.

Se piensa que China invierte en tecnología porque no puede depender del incremento de capital y de la mano de obra para lograr el crecimiento económico que desea. El gran interés del país se centra en el ámbito de la seguridad. Los sistemas de inteligencia artificial se erigen como la herramienta perfecta para controlar a la población y arremeter contra el activismo. China está utilizando sistemas de reconocimiento facial, de imagen, de textos y de audio para poder saber dónde están, qué ven y qué leen o dicen las personas. Se trata de un poder que nunca antes han tenido los dueños del mundo. Esto es algo que investigadores como Raj Reddy, premio Turing 1994, vienen advirtiendo; ya que se teme que la tecnología se utilice para ejercer represión, en vez de emplearse para ampliar las voces críticas que denuncian abusos.

Los robots

En 2019 ocurrió una noticia sorprendente: en Estonia se comenzó a utilizar un juez robot para resolver casos en los tribunales. Este hecho fue publicado por el portal web, especializado en innovación legal, The Technolawgist, en una entrevista realizada a Ott Velsberg, Chief Data Officer del Gobierno de Estonia.

La noticia generó expectativa y polémica, al reabrirse el debate sobre si es correcto o no usar estos robots para decidir el futuro de los seres humanos. Algunos consideran que la inteligencia artificial debe tener sus límites y que no es ético sustituir totalmente a una persona por una máquina a la hora de impartir justicia. Sin embargo, mientras esto se discute, China tiene muchos robots en los juzgados.

Como pueden ver, China no debate, actúa. Se enfoca en usar la inteligencia artificial en sectores como la salud, el arte y la educación, donde la lista de asistencia se pasa por medio de un scanner laser.

En los juzgados chinos un robot responde preguntas como un ciudadano común. El robot ha sido creado y entrenado para dar asistencia legal a todo lo que se le pida. Xiao Fa es el primer asistente artificial en China, cuyo nombre se traduce como derecho pequeñito o ley pequeñita. El primer piloto de estos jueces humanoides fue probado en 2004, en Shandong, con la idea de analizar cien tipos de crímenes, estandarizar condenas y generar automáticamente borradores de sentencias.

Xiao Fa fue el primer paso de los juzgados inteligentes, cibernéticos o virtuales. El primer tribunal virtual se estableció en la ciudad de Hangzhou, en agosto de 2017. Luego se abrieron otras salas similares en Pekín y Guangzhou. Los llamados tribunales de internet tienen competencias en diversos asuntos relacionados a las operaciones en red, el comercio electrónico y la propiedad intelectual.

De acuerdo con la agencia de noticias de China, Xinhua, el centro de servicio de litigio en línea, del Tribunal de Internet en

Beijín, introduce un módulo de *software* que usa la tecnología de inteligencia artificial para ayudar en la toma de decisiones en los procesos legales ordinarios, como abrir y procesar casos. La verdad es que se trata de una interfaz con imagen y voz femenina, que asiste a los jueces humanos en temas repetitivos y susceptibles a automatización, con el propósito de aliviar la carga de trabajo de estos y permitir que se centren en temas jurídicos de fondo. En este sentido, la inteligencia artificial está al servicio de la inteligencia humana, al tratarse de un robot que apoya a un juez de carne y hueso.

Todo esto está enmarcado en el plan de gobierno para el 2030, que pretende superar a Estados Unidos. Por ahora, la implantación de jueces robot es una compañía que busca mitigar el colapso de los tribunales asiáticos. Este es un tema que tenemos que conocer bien, sobre todo si tenemos en cuenta que la compañía Yitu Technology trabaja en la investigación y creación de un programa de reconocimiento que no solo identificará a las personas, sino que leerá sus emociones. Esta es una de las firmas de reconocimiento facial más avanzadas que existen, cuyo producto es Yitu Dragonfly Eye; el cual permite detectar los rostros tanto estáticos como en movimiento. Tecnología que ya usa el gobierno en muchos sistemas de seguridad para vigilar a la población. Imaginemos que el programa de reconocimiento en el que trabaja Yitu incorpora a un juez robot, ¿qué pasaría si este tiene el poder de detectar y leer emociones?

La ciudad inteligente

China tiene en mente crear una ciudad inteligente e interconectada, donde se puedan conocer los gustos y hábitos de cada una de las personas. Esto es algo que solo se imagina en películas, pero que al parecer no está muy lejos.

Gracias a Cloud Valley, un proyecto que forma parte del estudio de arquitectura danés Bjarke Ingels Group, mejor conocido como BIG, y la empresa china Terminus; quienes desarrollan una ciudad tipo campus que será dirigida a través de inteligencia artificial. Este lugar estará completamente conectado, tendrá el tamaño de 200 campos de fútbol y será gestionado por robots.

Para ello, se utilizarán sensores y dispositivos conectados a una red Wi-Fi, que recopilarán datos de todo tipo, incluyendo los hábitos de alimentación y los hobbies de cada una de las personas y el nivel de contaminación de la ciudad.

Este proyecto pretende que las máquinas conozcan perfectamente a las personas. Además, el acceso de visitantes quedaría en sus manos; ya que estas abrirán las puertas de la ciudad solo a personas conocidas. En este lugar podrías ir a tu restaurante o bar favorito y el robot sabría lo que tiene que servirte, según tus gustos alimenticios de pasadas visitas. Este plan tiene el riesgo de atentar contra la privacidad de las personas, sin embargo, no tiene detractores como tal, a pesar de que si lo quisieran, los gobiernos podrían vigilar más.

¿Quién es el líder en inteligencia artificial, China o Estados Unidos?

A lo largo del capítulo se viene hablando de China y Estados Unidos, pero ¿quién es el líder en inteligencia artificial? Vamos a analizarlo en este apartado. La rivalidad entre estos gigantes comenzó con el programa AlphaGo, de Google DeepMind, que derrotó por primera vez a Lee Sedol, campeón surcoreano de Go (un juego de estrategia más complicado que el ajedrez).

La hazaña sucedió en 2016 y desencadenó el deseo de dominio de China, luego de establecer la meta de 2030 y su plan para controlar la tecnología individual en 2025. Otro aspecto que también motivó este propósito fue la órbita terrestre del satélite ruso Sputnik, que puso en marcha el programa estadounidense de alunizaje,

No tenemos duda de que el potencial en informática es ilimitado, o así parece. Sundar Pichai, CEO de Google, opina que la IA es más importante para la humanidad que el descubrimiento de la electricidad o el fuego. Esto quiere decir que los que están en la vanguardia de la IA tendrán una influencia increíble en los mercados relacionados con los algoritmos informáticos inteligentes, que se desarrollarán poco a poco.

Estados Unidos tiene sus buenos aportes a la tecnología, como el *machine learning* o el análisis semántico y la computación cognitiva. Pero, como ya hemos visto, China predomina en su avance; lo que explica el interés de los inversores en el país asiático, quienes quieren participar en el mañana.

En este punto es importante recordar que, precisamente, es el apoyo que China ha dado a la tecnología el que ha impulsado su gran crecimiento. Se estima que, para 2022, el financiamiento llegará a 22 000 millones de dólares, con un aumento del 60 %, comparado con el de 2018. Los indicadores importantes muestran que Estados Unidos tiene la ventaja en este momento, sin embargo, esta se acorta cada día. Hay más de mil empresas nacionales de IA, muchas de estas con patentes; entre ellas se encuentran Facebook Salesforce, Google, Microsoft y también muchos startups, como Avant, UiPath y Nuro.

Según estudios de la Organización Mundial de la propiedad Intelectual (OMPI), IBM está trabajando en el cerebro del ordenador Watson. La empresa estadounidense ha presentado una serie de patentes de IA en el mundo, con 8290 inventos. Además, se tiene que tener en cuenta que, para poder operar, el programa necesita analizar grandes cantidades de datos en poco tiempo, por lo que amerita un *hardware* potente. En este caso, Estados Unidos, tiene el liderazgo, gracias a empresas como Nvidia e Intel, que cuentan con procesadores rápidos de tecnología y almacenamiento. Aunque, si recordamos el capítulo de la supremacía cuántica, podremos visualizar que, a pesar de que Estados Unidos es un gran rival, China posee excelentes armas para defenderse.

China ya reconoce imágenes y el 48 % de las inversiones del mundo en empresas de IA, que no cotizan en bolsa, se realizan en China, algo que no puede ignorarse. Los ingenieros asiáticos se encuentran entre los líderes mundiales del manejo de datos visuales por medio de la IA. Esto incluye los rayos X e imágenes de satélite. También tenemos el reconocimiento facial y el procesamiento del lenguaje humano, que es algo en lo que destacan los chinos.

Empresas como Baidu, Face++, Unisound, Tencent, SenseTime, han avanzado en estos temas, se tienen al menos diez unicornios en el sector de la IA y *startups* con valores de más de 1000 millones de dólares, con acciones que aún no se mueven en la bolsa.

Entonces, ¿la carrera está en pleno desarrollo?

Un estudio de la Universidad Tsinghua de Pekín, muestra que, de 200 mil investigadores e ingenieros del mundo, 30 000 proceden de Estados Unidos y 18 000 de China. Si el recuento se limita a los expertos catalogados como World Class, Estados Unidos tiene cinco veces más investigadores de alto nivel que China. A pesar de todo, los asiáticos están en crecimiento.

Aunque la brecha entre los rivales de la IA disminuye, en la base de los conocimientos el Instituto Allen de Inteligencia Artificial indica que los investigadores chinos aumentan constantemente la participación en los diez artículos que más se citan en el sector. En 2018, la participación de estos fue de 26,5 %, mientras que Estados Unidos tenía el 29 %, con tendencia a la baja.

El entusiasmo tecnológico de China se fomenta por el desarrollo de la IA

El experto en tecnología de The Digital Workspace Company (DWS), Tobías Rommel, se muestra positivo sobre el desarrollo de la IA en China. En comparación con las personas de occidente, los chinos suelen ser más abiertos a la tecnología y quieren probar productos nuevos. Para ellos la protección de datos y la privacidad pasan a segundo plano, siempre que una aplicación le haga la vida más cómoda o segura. Esto permite a los investigadores y empresas utilizar muchos datos de la vida real para el desarrollo de la IA. Sin duda, esto repercutirá en los avances de la tecnología.

Sea como sea, cada día son más los que consideran la importancia de los chinos en el crecimiento de la IA. La estrategia de inversión se basa en la transformación estructural de la economía, del capital físico al capital intangible, que incluye patentes de IA.

Ya sabemos que la IA se hace ubicua en China, en las imágenes de las cámaras de seguridad de los edificios, la detección de infracciones de tráfico y los sistemas de reconocimiento facial de muchas aplicaciones. Esta tecnología ha sido utilizada en el sistema de seguridad de conciertos para identificar delincuentes fugitivos y notificarlos a la policía.

La escritura inteligente

Dreamwriter es un nombre que seguramente no te dice nada, pero te asombrará. Se trata de una inteligencia artificial desarrollada por Tencent que, desde 2015, escribe sobre negocios y economía. La presentación de Dreamwriter al mundo fue de lo más interesante, porque escribió una historia de 916 palabras en apenas 60 segundos. Un texto para nada incoherente, que podría jurarse que fue escrito por una persona.

A pesar de ser un trabajo hecho por una inteligencia artificial, estos textos tienen derecho de autor. Esta protección le fue otorgada luego de que, en 2018, Dreamwriter denunciara a Shanghai Yingxun Technology Company por haber copiado uno de sus textos.

Capítulo 6
¿ES NECESARIA LA DEMOCRACIA?

Antes de que enciendas la antorcha para quemarme, hablemos en frío en este capítulo. Después de haber estudiado el crecimiento de China, su papel como potencia mundial, la incursión de este país en Latinoamérica, cada vez más evidente, la apatía de este gobierno con Estados Unidos y su deseo por mantener el poder, cabe preguntarse: ¿Es realmente buena la democracia?

Más allá de la supuesta libre elección de las personas, de nombrar y destituir políticos, ¿termina siendo esto bueno? La renovación política que se realiza cada cuatro años generalmente trae consigo unos diplomáticos peores que otros y deja proyectos inconclusos, porque nadie quiere continuar las iniciativas que pertenecieron a la política de otros, lo que origina cementerios de obras y proyectos, favoritismos, enchufados y demás.

En este punto podemos ver una desventaja en la confianza, fuera de lugar, que se le da a los representantes, ya que en los asuntos de gobierno estas voces terminan sintiéndose después de la elección. Todo lo que se aspira y espera cae encima de estos, quienes tienen un tiempo finito y pueden hacerse los sordos a los intereses y necesidades de la nación, para impulsar agendas egoístas y personales, como muchas veces sucede.

En los parlamentos se analizan los temas de la mayoría, no los de la minoría. Además, los representantes no han sido elegidos por unanimidad, ni siquiera aquellos que arrasan en las elecciones, por lo que siempre tienen detractores. De esta manera, hay decisiones menores que no son tomadas en cuenta y que se descuidan en la gestión de los asuntos de gobierno.

Sucede también que las personas eligen a un representante corrupto luego de ser manipulados por medio de sobornos o promesas falsas. El representante electo puede que no cumpla las promesas de los votantes sin que esto tenga mucha repercusión.

Luego de examinar todo esto, ¿Qué queda con la democracia? ¿Libertad de elegir? Sí. ¿Libertad para tumbar gobiernos? Pero hasta las dictaduras han tenido alzamientos al igual que las democracias. Un ejemplo cercano puede verse en las represiones en Chile, cuya población es sensible y no duda en salir a la calle a protestar, a pesar de ser atacada con bombas lacrimógenas y arrestos. En democracias menos sólidas o políticas híbridas dudosas, como el caso de Venezuela, los muertos caen a montones en las concentraciones en contra del gobierno y las cifras de presos políticos son elevadas.

Colombia, un país abiertamente democrático, también fue escenario de fuertes manifestaciones contra el presidente Iván Duque, poco antes de la pandemia, y la represión fue tal, que dejó un muerto y muchos arrestados. Entonces, ¿es tan efectiva la democracia? Si observamos el crecimiento global de estos países, encontraremos fallas por donde se revise, incompatibilidad de caracteres, quejas, rivalidades y procrastinación constante, lo que no sucede en China.

Este es el país más poblado, con más de 1400 millones de almas (casi la quinta parte de la población mundial) y el cuarto más grande, por detrás de Rusia, Estados Unidos y Canadá. El gobierno está desde 1949 en manos del Partido Comunista de China, por lo que las personas no pueden votar para elegir a los mandatarios. En el 2018, el partido tenía 90 millones de miembros, más que la población de Alemania, pero, desde la llegada al poder de Xi Jinping, en 2013, el poder se concentra en la cúpula del partido, lo que deja menos espacio de participación a los cargos menores.

El Partido Comunista de China se originó en 1921, por esa época el país sufría muchos cambios drásticos, por un lado, tenía siglos siendo gobernado por distintas dinastías de emperadores, hasta que, en 1912, el emperador Puyi fue forzado a renunciar y el país se convierte en república.

Aunque China fue uno de los ganadores de la Primera Guerra Mundial, sus habitantes quedaron descontentos con las condiciones de la victoria; pensaban que los japoneses habían recibido mejor trato que ellos y por ello organizaron varias manifestaciones. En medio de esto, aparecen las ideas comunistas y marxistas que comienzan a escalar dentro del país.

Mientras todo esto pasaba, en 1917 exactamente, se gesta la Revolución Rusa; una rebelión impulsada por los comunistas que causa la caída de la monarquía y lleva a la creación de la Unión de Repúblicas Socialistas Soviéticas (URSS), en 1922.

Este modelo político se quería expandir alrededor del mundo. Sus líderes se fijaron en las revueltas populares que ocurrían en China y decidieron enviar a sus oficiales para ayudar a crear el movimiento comunista de Asia. Los soviéticos se reunieron con Chen Duxiu y Li Dazhao, un par de maestros universitarios e intelectuales de izquierda, quienes se convertirían en los fundadores del Partido Comunista de China.

Al inicio, el partido es un aliado de Kuomintang, el partido que gobernaba China en la década de 1920, pero cuando muere Sun Yat-sen, el fundador de Kuomintang, los conservadores del partido comienzan a cazar comunistas, creando un enfrentamiento entre ambos durante 1927 y 1949. Esto sería la guerra civil china. Cuando ganan los comunistas, los integrantes del Kuomintang ceden el gobierno y el sistema a Taiwán, país independiente de China. En 1949, el PCC proclama la República Popular China y Mao Zedong es el primer líder.

Ya han pasado más de setenta años desde que se fundó el país comunista y la nación se encamina a ser la gran superpotencia del mundo. El PIB de China solo es superado por el de Estados Unidos, pero en paridad de poder adquisitivo, ya se cataloga como la nación más rica del mundo.

También tienen el sector bancario más acaudalado y con mayores activos: el Banco Industrial y Comercial de China. Es el principal gigante comercial del globo, produce y exporta más que nadie, tiene 119 empresas en la lista de las 500 corporaciones más grandes a nivel global, según el listado de 2019 de la revista *Fortune*.

Todo esto se logró gracias a los cambios que se dieron desde 1978, un par de años después de la muerte de Mao Tse Tung, cuando el líder político Den Xiaoping impulsa el programa económico Reforma y Apertura. Con esta iniciativa Deng iría en contra de lo que pregonaba Mao, liberando la economía, permitiendo el resurgimiento del sector privado y descentralizando el poder, dejando la toma de decisiones en manos de las autoridades locales. Asimismo, desmantela las comunas y comienza a dar libertades a los campesinos para que administren las tierras y vendan productos. Además, se abre al exterior, viaja a Estados Unidos y sella lazos, dando paso a la histórica visita de Richard Nixon a China, en los últimos años de Mao y en medio de la Guerra Fría.

De esta manera, comienzan los contratos comerciales entre China y Occidente y la economía del país asiático se abre a inversiones extranjeras y multinacionales capitalistas, como Coca-Cola, Boeing o McDonald's.

El modelo que se trabaja está basado en una economía de mercado que se bautiza como socialismo con características chinas. Es una fórmula de éxito que permite que la RPC comience a crecer a niveles récord, pero de manera sostenida, por más de tres décadas.

El Banco Mundial cree que más de 850 millones de personas pudieron salir de la pobreza gracias al desarrollo histórico generado por las reformas. Los líderes que siguieron, Jiang Semin, Hu Jintao y el mandatario actual, Xi Jinping, mantuvieron esta estrategia política. El país se moderniza y actualmente no solo es el primer fabricante de ropa, telas y aparatos, sino un gigante de la tecnología.

Huawei, es la empresa privada de telecomunicaciones más grande, líder en la 5G y el segundo proveedor de celulares en el mundo. Alibaba, del empresario mediático Jack Ma, domina el mercado online, facturando cifras superiores a las de Amazon. Los fundadores de estas empresas están entre los 324 chinos que forman parte de la lista de multimillonarios con más de mil millones de dólares en sus arcas.

¿Qué pasará con el futuro? Por un lado, Li Keqiang, el segundo al mando después del presidente, aboga por ampliar la economía del mercado; mientras que Xi Jinping da señales de querer apretar las tuercas del poder estatal, por lo que existen rumores de que el gobierno busca alejarse un poco del capitalismo.

La desintegración de la Unión Soviética se da porque dejaron de lado las raíces comunistas y esto es lo que los chinos pretenden evitar en su país. Por esto el gobierno actual se compara con las políticas de Mao, como la campaña que impulsó al llegar al poder que, de acuerdo con los críticos, es una herramienta contra los políticos.

Veamos estos avances:

- Hoy en día China la movilización automotriz es el principal medio de transporte del país. El número de automóviles crece en Pekín y las bicicletas son menos usadas como medio de transporte común.
- El aumento de las emisiones y la huella de carbono sigue aumentando dramáticamente en las últimas cuatro décadas. Además, China se ha convertido en uno de los principales consumidores de energía del planeta.
- Entre 1978 y 2018 el Gobierno chino erradicó la pobreza de 740 millones de personas, según la Oficina de Información del Consejo de Estado y la Oficina Nacional de Estadísticas de China.
- China es uno de los grandes exportadores de estudiantes de educación superior.

- La población, por grupo de edad, también experimentó una transformación importante, ya que se ha extendido la esperanza de vida y esto ha representado una caída importante en la tasa de fertilidad.
- Para el 2018, los chinos tienen el doble de probabilidades de tener su propia vivienda, en comparación con Estados Unidos.

Luego de ver esto, es válido pensar en las siguientes interrogantes: ¿Es la democracia necesaria? ¿Una dictadura es tan mala después de todo?

Sistema político chino

Hablemos del sistema político chino, veamos cómo se constituye y analicemos su situación actual, tanto sus aspectos positivos, como los negativos. Comencemos con el sistema de asambleas populares, que es un sistema político clave del país. En la constitución se estipula que todo el poder pertenece al pueblo. Los órganos por medio de los cuales el pueblo ejerce el poder del Estado son la Asamblea Popular Nacional y las asambleas populares de los territorios.

La primera Asamblea Popular Nacional se convoca en 1954. Esto marca un establecimiento del sistema de asambleas populares en el país, las cuales tienen cuatro atribuciones principales:

- Legislar
- Supervisar
- Nombrar y destituir personal
- Tomar decisiones importantes

Es el derecho del pueblo ser dueño del sistema de asambleas populares, fortalecer el sistema y optimizar el desarrollo, que constituye una parte importante de la política nacional.

Los avances de las últimas décadas demuestran que estas políticas populares son lo correcto para el funcionamiento de China, no solo porque garantizan el ejercicio unificado del poder, manteniendo el entusiasmo y el poder del país en las personas, sino que, además, facilita la organización del Estado y la construcción del socialismo, mediante la división equitativa del trabajo y demás responsabilidades.

Los partidos políticos de China tienen una cooperación multipartidista, mientras que la consulta política que dirige el partido comunista se basa en un sistema creado de manera conjunta entre este y los partidos democráticos, durante la larga práctica de la revolución y reformas del país.

El sistema de partidos políticos del país se diferencia del multipartidismo o bipartidismo que se ve en los países capitalistas de Occidente. El partido comunista dirige y los partidos democráticos cooperan, mientras el primero gobierna y los otros comparten el mandato. Los partidos democráticos son amigos íntimos del partido comunista y participan del poder uniéndose y cooperando. Aplican la teoría de coexistencia de forma duradera y se supervisan recíprocamente, tratándose con el corazón en la mano y compartiendo los momentos buenos y malos. Todos los partidos democráticos tienen libertad política, independencia para organizarse y la igualdad de estatus legal, dentro del marco de derecho y las obligaciones que se reflejan en la Constitución.

Sería en 1949, en lo que se llamaba Beiping, ahora conocida como Beijing, que se celebraría la I Conferencia Consultiva Política del Pueblo Chino (CCPPCh). Este comité es una importante forma de desarrollo de la democracia china y dirige una serie de órganos de cooperación partidista y consulta política. Hasta ahora se han celebrado once sesiones de estas reuniones plenarias.

De acuerdo con los estatutos vigentes de la CCPPCh, esta organización está integrada por el partido comunista, los partidos democráticos, personas que no tienen afiliaciones políticas, representantes de etnias, organizaciones populares y variedad de sectores de la sociedad, que constituyen la Región Administrativa Especial de Hong Kong y la Región Administrativa Especial de Macao, delegados de la provincia de Taiwán, personas repatriadas de ultramar. A nivel central la CCPPCh tiene el Comité Nacional, el Comité Permanente y nueve comisiones especiales de:

- Propuestas
- Economía
- Población
- Recursos
- Medio ambiente
- Educación
- Cultura
- Ciencia
- Deportes
- Salud
- Asuntos sociales
- Sistema legal
- Asuntos étnicos y religiosos
- Materiales de referencia culturales e históricos
- Asuntos de Hong Kong, Macao y Taiwan
- Asuntos chinos de ultramar
- Asuntos exteriores

En cada territorio hay comités territoriales. El comité nacional tiene un presidente, varios vicepresidentes y un secretario general; se renueva cada 5 años y cada año se celebra una sesión del cómite.

La CCPPCh cumple con las atribuciones de consulta, supervisión democrática, participación y deliberación de los asuntos de Estado y los problemas de índole político, económico, cultural y social; con la finalidad de escuchar las opiniones de todas las partes, antes de que se tomen decisiones de importancia cardinal.

El sistema de autonomía étnica regional

Este es un sistema político elemental del país. Los territorios de autonomía étnica se dividen en tres niveles:

- Región autónoma
- Prefectura autónoma
- Distrito autónomo

Hoy en día, China ha establecido 155 territorios de autonomía étnica, donde se incluyen cinco regiones con 30 prefecturas y 120 distritos independientes. Dentro de las 55 etnias minoritarias, 44 tienen territorios propios, con una población combinada que constituye el 71 % de todos los grupos menores. A su vez, se han establecido 1173 cantones étnicos en las comunidades de gran tamaño. Son 11 las etnias que no tienen aún la autonomía regional, debido a su población escasa.

Gracias a la constitución y la ley de autonomía étnica regional, estos territorios tienen garantizados los poderes autónomos; administran sus asuntos y sus áreas, tienen poder para crear reglamentos independientes y pueden emplear y desarrollar sus lenguas orales y escritas. Esto garantiza también la libertad de credo y la facultad de mantener o cambiar sus costumbres y hábitos; así como pueden arreglar, administrar y desarrollar su economía, educación, ciencia, tecnología, cultura y otros servicios de provecho social.

El Estado tiene la obligación legal de ayudar a los territorios de autonomía étnica a que crezcan y se desarrollen. Por eso aumenta constantemente el apoyo en recursos fiscales, el fomento ecológico y la protección del ambiente. También ha implementado medidas para mejorar la educación; extendido el apoyo a las zonas más pobres e incrementado la inversión en los servicios sociales, ampliando la apertura al exterior; organizando las zonas en desarrollo en los departamentos homólogos de estos territorios; y considerando las necesidades especiales de estos grupos minoritarios, en lo que atañe a la vida y producción.

Desde que se proclama la República Popular China el ambiente de subsistencia y vida de los pueblos en los territorios autónomos ha mejorado, así como la economía y los servicios de provecho social; por lo que las etnias disfrutan, junto con el pueblo de todo el país, los frutos del desarrollo.

Los hechos constatan que el sistema de autonomía étnica regional ha tenido mucho éxito en la práctica, ofreciendo soluciones a los problemas de las minorías. Sin duda, se trata de una elección acertada, que coincide con las condiciones del país y el interés de estos grupos.

En el seno de la República Popular China, la parte principal del país practica el socialismo; mientras en Macao, Taiwán y Hong Kong se ejerce el capitalismo, con el objetivo de materializar la reunificación pacífica de la patria y mantener la estabilidad y prosperidad en estas ciudades. Este principio de dos sistemas forma parte del socialismo y se practica bajo el prerrequisito que implica la necesidad de reconocimiento del país, de la República Popular China y la parte que representa al socialismo y las peculiaridades de la nación.

Si se considera el estatus de Taiwán, luego de que se materialice la reunificación de las dos orillas, el sistema social, económico y el modo de vivir en la isla no cambiará, ni alterará las relaciones económicas y culturales con el extranjero. Taiwán se erigirá en una región administrativa especial, a diferencia de las provincias y las zonas autónomas del país en general.

El área va a poseer el poder de administración ejecutivo, legislativo, judicial y va a gestionar, por su cuenta, los asuntos relacionados con los partidos, gobierno, economía, finanzas, acuerdos comerciales y culturales con países extranjeros, entre otros. Además, va a tener su propio ejército y la parte continental no enviará tropas ni personal administrativo para estar en Taiwán. Los funcionarios de gobierno de la Región Administrativa y los representantes de los distintos sectores de Taiwán podrán asumir cargos en los distintos órganos del Estado y compartir la gerencia en asuntos nacionales.

El retorno de Hong Kong y Macao ha enriquecido la teoría práctica de un país con dos sistemas, los hechos dicen que el principio es correcto y está vivo.

Analicemos el término democracia en China

La democracia entró en las agendas del país, tanto para los políticos como para los intelectuales, a finales del siglo XIX. Gracias a pensadores como Sun Yat-sen, Kang Youwei y hasta el propio Mao Zedong, que se preguntaban cómo adaptar este sistema a las circunstancias históricas políticas. Este debate reorientó los planteamientos euroamericanos hacia una nueva concepción basada en los modos de pensar propios de la cultura del país, dando paso al proceso democratizador de la República Popular China. De este modo, se construye un estado de derecho, que garantiza la estabilidad jurídica en una sociedad con características chinas, que puede servir de modelo para otros países.

En China, la estabilidad política y social y el desarrollo económico sostenido han de determinar el sistema político que la sociedad adaptará. En el año 2010 se aprueba una ley para la regulación de los procesos electorales, que tenían un equilibrio entre el número de representantes del ámbito rural y urbano, aunque ese año solo el 0,5 % de los 10 000 candidatos que se presentaron no militaban en el Partido Comunista de China (PCCh).

En los comicios de 2010, 900 millones de personas fueron llamadas a votar, este es un dato significativo para la última década que se inicia con el PCCh, que registra más de 80 millones de militantes, lo que se traduce en un crecimiento de 10 millones de militantes sobre la finalización del último plan quinquenal, en el 2006.

Cuando se habla de democracia, esta no puede tomarse como una definición universal. La democracia no es como se conoce en Occidente, se trata de una forma en que la gente decide vivir. Lo importante es el modo en que una cultura interpreta la democracia, ya que esta es una vía que la sociedad china va a utilizar para organizar la política del territorio. La democracia es una herramienta, no un fin, para lograr el devenir de un pueblo.

China está en un momento cumbre desde que entró el gobierno maoísta, en el que debe hablar de democracia y alcanzar cuotas altas dentro de la sociedad civil, intelectual y política. El clima más liberal es el que lidera el discurso de la democracia entre los intelectuales. Con este ambiente que se vive en el país, los asuntos que se relacionan con la democracia son tratados en dos categorías distintas, la primera es la política y la otra la académica. En la primera ha costado hablar de forma abierta del tema, mientras que en la segunda no tienen problema al respecto. En este contexto político liberal, los intelectuales chinos se atreven a hablar de asuntos sensibles, por ejemplo, la reforma del sistema político socialista, un tema delicado por las distintas visiones que hay entre el ala izquierda y derecha del partido comunista. Aunque aún hay varias presiones y obstrucciones, los intelectuales chinos aprovechan estas circunstancias para dar un discurso importante, en lo que tiene que ver con las políticas del país.

La democracia es un asunto que está en plena conversación entre los intelectuales y esto sucede hace más de dos décadas. Dado que existen estos debates, hay distintas cuestiones muy interesantes de tratar. Términos como la democracia formal, la democracia efectiva y el estado de derecho se encuentran en una discusión permanente; no solo en la sociedad sino también en el partido comunista, quien tiene el reto de poder conjugar los nuevos debates, en el momento más crítico de su historia, pues ha recibido denuncias de corrupción en sus filas.

La pérdida de legitimidad del PCCh puede causar desequilibrio en la nación, algo preocupante, porque se ve que esta situación es el preámbulo de otros valores que provienen de Occidente y ponen en entredicho el liderazgo, al punto que se ha llegado a hablar de la separación del partido y el Estado.

La postura que ha adoptado el partido dentro de este proceso de transición democrática es la de satisfacer las necesidades desde una democracia formal a una que sea efectiva; por ello no tienen problemas para incluir conceptos en el lenguaje, cuentan con una Constitución, una Asamblea Popular Nacional, las elecciones y los partidos. Además, han logrado una mejora en la calidad de vida, un prerrequisito necesario para llegar a la democracia formal e imponerla. Tal como sucede en muchas democracias, los chinos quieren tener rasgos básicos de los sistemas democráticos occidentales, como poder elegir dónde trabajar, dónde vivir y tener bienestar; lo mismo pasa con los derechos sociales, de salud y educación.

Como podemos ver, hay una facilidad para saltar de una democracia a otra. El paso formal es efectivo. Lo que dicen es como un juego de malabares, a no ser que hablen de temas concretos: el sistema democrático taiwanés tiene características chinas, con la distinción del censor; el japonés tiene poco que ver con la ley de Hondt; el presidencialismo francés que es muy diferente de la monarquía española, pero con lo mínimo necesario para comenzar a hablar seriamente de democracia real, popular o de Asia. Todo esto demuestra que se trata de un pluripartidismo real, con posibilidades de alternancia de poder, candidaturas independientes, libertad de expresión y prensa, asociación, derechos civiles, independencia de poder judicial y con un ejecutivo legislativo.

La verdad es que poder dar el paso final es difícil, ya que combinar las dos democracias, al menos hoy, es algo complejo, dado que el PCCh tiene miedo de perder poder, por esto es reacio a hacer reformas para garantizar el establecimiento de la democracia. Es como si quisieran salvarse ellos y después cuidar el país. Es por esto que no quieren canales para que la gente acceda a la información y que sea todo más transparente, en lo que a procesos se refiere. El partido comunista se encuentra presionando mucho para que la comunicación entre los de arriba y los de abajo sea más transparente y con menos bloqueos. Aquí estamos hablando de los medios de comunicación y las redes sociales, el control de la sociedad de información que es interesante de ver; cada día hay más sitios que llegan a más personas. El Internet ayudó a solucionar muchas trabas, que hasta ahora se habían visto en las personas, para expresar y difundir las noticias.

Siguiendo el camino, las nuevas tecnologías permiten que haya disparidad de opiniones, el hecho de que los sitios webs aumenten en el país, hace que el gobierno se sienta presionado a diario; ya que ve cómo la línea oficial está en entredicho. Los ciudadanos tienen acceso a muchos sitios web del mundo, aunque hay censura, muchas páginas no se pueden prohibir. Ya no hay que hacer concentraciones o escritos contra el régimen a escondidas, estos canales sirven para compartir los pensamientos, las opiniones y los puntos de vista. La revolución de la tecnología es un hecho que ha ocasionado mucho daño al gobierno.

Una de las distintas transiciones que la sociedad china reclama y a la que se somete es la de definir un marco normativo, esto le permitirá equiparar a la población, bajo una misma línea de derechos y deberes, por los cambios que se viven. Hoy en día estamos lejos de lograr un estado de derecho, los cimientos apenas se asientan. Hay una burocracia estable, con instituciones y derechos civiles que ganan peso en un clima general de más libertad, que tiene que ver con los procesos políticos y sociales de los últimos tiempos. De esta manera, se puede hablar de un movimiento encaminado a una red posible. Cuando se habla de estado de derecho, este no se puede generalizar, lo que tampoco se puede hacer con la democracia. No se puede decir que hay un estado de derecho o no. Hay que diferenciar el nivel de derechos que tiene la gente y la calidad y contenido de los mismos. Este es un ejercicio interesante que afrontar. Si se establecen comparaciones entre China e India, India cuenta con más democracia, pero los pobres chinos viven mejor, aunque no haya democracia. El estado de derecho puede ser algo anecdótico y formal, sin consecuencias para la sociedad.

En este punto cabe preguntarse: ¿el estado de derecho es útil, o no, para China?, el estado de derecho es el objetivo formal para llegar a una estabilidad, con base en el respeto a la legalidad vigente. Esto implica un cambio cultural importante en el país, donde el papel de la ley, como articulador de la normalidad, siempre ha tenido limitaciones. En el país mandan los hombres, no las leyes. Esta una visión fuertemente criticada por los que están lejos de esta cultura.

Así como la democracia es cuestionada, el estado de derecho también. De hecho, se tienen las mismas interrogantes: por un lado, los valores universales, por el otro la diversidad civilizadora y cultural, que relativiza y matiza lo universal. La cuestión es cómo practicar el equilibrio con respeto y radicalidad. La estabilidad sin democracia no se puede lograr, el modelo democrático es único, universal. Pero en China la profundización en este tema está pendiente, aunque se han dado avances en la materia y se tiene en agenda la vía de ruta de los políticos chinos; sin embargo, el proceso aún se encuentra en sus inicios y el resultado todavía es incierto.

Este es un estado donde gobierna el comunismo, por lo que se espera que el sistema tenga reglas formales e informales, acordes al funcionamiento del sistema político que se implemente con la ideología. Un modo en el que la nación ha comenzado a hacer cambios, que se pueden definir fácilmente en la República Popular China, pero que en el partido del estado son más evidentes. El modo en el que se organiza ha causado una alteración de la conceptualización y operabilidad de las relaciones de Estado, por el control del partico comunista en las acciones del gobierno y la manera en que se distribuye el poder.

Se tienen que considerar las situaciones de Corea del Sur, Taiwán, Singapur, Malasia e Indonesia; sistemas políticos donde se refleja China, que evoluciona desde un Estado de derecho, antes de hacerse democracia, debido a los intereses del Gobierno.

Como se esperaba, el proceso de la construcción de la base social del Estado y la política del país ha cambiado mucho. A nivel local, se tiene claro que el núcleo de la nación se ha convertido en una alianza entre los cuadros del partido y los empresarios, a la vez que las filas de la política activa aumentan; especialmente con el desarrollo de la política que se orienta a esta cuestión. Las consecuencias de los cambios son más claras para la construcción de la base social del Estado, donde hay polarización para socavar los recursos sociales y para desarrollar la nación.

La transformación social de los últimos tiempos ha generado ciertos problemas y conflictos internos. La sociedad tiene la impresión de que el país necesita cambios de gran alcance, tanto en el plano institucional como económico y social. La reforma política se toma como otra vía para organizarse, como el caso de la democracia, actualmente en primer plano en China. Si bien es cierto que a ojos de los occidentales esto no es así, la verdad es que la democratización del país está en un punto tope de la agenda política.

La idea de un nuevo país aún está en desarrollo y es distinto a las democracias occidentales, que creen haber llegado a un sistema político perfecto, al que solo se le tienen que hacer reformas cada tanto tiempo. Pero los chinos no lo ven así, precisamente porque constantemente observan cómo se deteriora la democracia occidental. Lo mismo sucede con los países africanos, donde la democracia ha fracasado y todo es igual que antes, porque la democracia se ha implementado con errores. Por eso, en China quieren ir más allá del estado de derecho y no buscan alcanzar la democratización, de la manera en que se entiende en Occidente, ya que el gobierno defiende la idea de un mayor desarrollo del país, con más bienestar para los ciudadanos.

En lo que tiene que ver con la democratización, claramente la sociedad china ha cambiado en las últimas tres décadas, pero cada vez más el Gobierno tiene problemas para llegar a las generaciones jóvenes, que crecen con el desarrollo económico del país, pasan el tiempo en internet y se mantienen alejados del discurso político imperante. Buscar la democracia es una necesidad para reformar y adaptar el país a los tiempos nuevos, de esto depende la supervivencia de la política.

Algunos expertos dicen que en un par de décadas habrá total democracia en China. Sin embargo, la sociedad china, en su mayoría, no quiere una democracia como la occidental, pues no desean parámetros liberales. La quieren con cambios, eso lo tenemos claro ya; por ello buscan reformar el sistema, para mejorarlo con la esencia China.

El confucianismo está en decadencia y se mantiene en el olvido, especialmente por parte de los jóvenes de hoy en día; además choca con los parámetros de las jerarquías de la sociedad y la pérdida de valores. Por eso se abre una puerta a la democracia y vemos pocos obstáculos frente a esta modalidad política. No obstante, cuando se habla de democratización hay que ir con cuidado, si no conocemos las consecuencias de la democracia deliberativa, por ejemplo, que tiene distintas versiones en cuanto a aplicación y concepción, pues, si el gobierno chino no las comprende en su manera más simple, su adaptación puede ser peligrosa, porque el gobierno puede usarla para implementar otras cosas. Es como si la democracia deliberativa fuera sustituta de las acciones del gobierno, para ocultar carencias o actos sospechosos. Por este tipo de casos se tiene que estar alerta cuando se habla de esta democracia, porque no es lo mismo la concepción que pueda dársele en la Universidad de Stanford, donde nació, que, en China, quien puede darle un significado distinto. Lo mismo pasa con un concepto de moda que es la gobernanza. Todo esto es complicado y se puede manejar de la mejor forma, porque hay varias visiones al respecto, pero con un consenso difícil, por eso la legitimación es compleja.

El proceso de ir del autoritarismo a un Estado más o menos deliberativo, es el modelo que China intenta establecer en su tierra. En este sentido, Singapur es un espejo para el gobierno y para la población, quienes han visto como este país ha prosperado con algunas libertades internas. El Gobierno chino poco a poco irá haciendo concesiones a la población, a lo largo del tiempo, simplemente porque necesita ganar la legitimidad que ha perdido y no quiere problemas ni rebeliones. El problema de la democracia es la estabilidad de la sociedad, ya que esta puede poner en peligro el desarrollo económico de los últimos años en China.

Sin duda, el Gobierno tiene que hacer reformas, porque las cosas cambian rápido y este tiene que adaptarse a las situaciones nuevas y a los tiempos que llegan. Además, está la oposición, que cada vez cobra más fuerza. El miedo es que los poderes se pongan de acuerdo y se manifiesten. Claro que es muy temprano para decir esto, pero podría suceder. Hoy en día, hay más oposición que en 1989, la misma que se reprimió con dureza en su momento. Antes no estaba tan organizada, pero ahora todo es distinto y los canales de comunicación aportan su grano de arena en este tema.

También hay que ver que el líder actual tiene una gran autoridad. Por eso la oposición puede tener éxito en sus reclamos. En este momento, no hay homogeneización en la cúpula del partido, como antes. El partido comunista está débil, es como si tuviera un sangrado.

El colapso de 1911 se puede repetir en la China del presente, debido a tres factores que se dan de manera simultánea: el crecimiento económico, que se reduce por debajo del 6-7 % del PIB; el aumento de la corrupción, que puede entrar en la sociedad y desatar escándalos, como los del Bo Xilai; y, el otro aspecto, son las diferencias en la población. Todo esto es un coctel que puede causar el colapso del país y la gente saldría a manifestarse. El gobierno no estaría legitimado como para ganar este golpe. Pero si las protestas se extienden por el país, el gobierno no actuaría del mismo modo que lo hizo en 1989, con esa violencia tan brutal. Entonces, podría quizás ganar la revolución.

Para no ir lejos, lo que China conseguiría con la democracia es distinto a lo que obtendrían las distintas facciones de la sociedad. Por ejemplo, con los liberales se consolida la economía de mercado y la eficacia; con la Nueva Izquierda, la garantía de equidad, legitimidad en las acciones de la política y más libertad, con un proceso parecido al de la democracia. Además de esto, se tendría la capacidad para intentar afrontar los problemas reales del Gobierno y se lograría crear una sociedad plural y compleja, que está a años luz de conseguirse. Hablando en términos de *soft power*, podrían coliderar en este siglo. Las características chinas no quieren decir monopartidismo del partido comunista. Los chinos no creen en la democracia liberal y mucho menos que este concepto funcione en el país, ellos quieren instaurar pilares de legitimidad, aumentar la economía, que haya estabilidad y prevalezca la ideología. Estos dos últimos pilares tienen mucha relación, pues la estabilidad y la ideología conforman una balanza para la sociedad china, que no necesita democracia ni libertad, ellos quieren una reforma de todo, de los canales de acceso para informarse, transparencias en los campos e igualdad en las capas sociales.

Puede haber gobernabilidad sin democracia y también democracia sin gobernabilidad. La gobernabilidad autocrática, cuando se cumplen requisitos institucionales para impulsar el crecimiento económico, como sucedió en el régimen franquista, luego de 1959; con el pinochetismo chileno; las autocracias al sudeste de Asia; o el régimen que sobrevino luego de Mao Zedong.

Teniendo en cuenta todo esto, lo que queda claro es que no puede haber crecimiento sin gobernabilidad, con una exigencia que no es de simple gobernabilidad sino de gobernabilidad democrática. En China popularmente se dice que si el gobierno es bueno el pueblo lo respeta, pero si es malo lo lleva al caos.

Dicho de otro modo, la cooperación entre unos y otros tiene que ser esencial para una gestión buena. Se habla de implementar la democracia, pero esto aún tiene lagunas. Partiendo de un buen gobierno, y de sus valores tradicionales, se tiene que buscar el equilibrio que llevará a la introducción definitiva de un nuevo modelo político, que permita que se convierta en un gobierno con una población más satisfecha. Por lo tanto, el buen gobierno se tiene que fundamentar en una sociedad civil donde haya más igualdad y el crecimiento sea palpable.

La democracia no es un objeto de decoración, es un método para poder resolver los problemas. Ya china tiene una larga tradición política para elegir y nombrar los talentos; establece un sistema de selección con un enfoque especial en la opinión pública, con aspectos a ser valorados, donde se limita muy poco el desarrollo de la economía, el que haya más empleo, seguridad ambiental y social.

El sistema trabaja con funcionarios que pueden ser seleccionados y elegidos para que sirvan al pueblo. El Gobierno de China logró tener el índice más alto de confianza pública, con casi el 84 % de los ciudadanos manifestando su adherencia a la administración, según un sondeo hecho en 2018, por parte de Edelman Trust Barometer, donde participaron 27 países.

Para los chinos la democracia popular significa el mejor modo de coordinar las aspiraciones y demandas de toda la sociedad, un sistema que ayude a tomar decisiones que se ajusten a los intereses del pueblo, a largo plazo. La democracia socialista de China es una democracia amplia, auténtica y eficaz para salvaguardar los intereses de la sociedad, de acuerdo con un informe presentado en el XIX Congreso Nacional del PCCh.

El empresario chino, Li Shimo, afirma que el éxito del país demuestra que en el mundo hay más que un solo modelo de democracia y que este tipo de sistema puede desarrollar un mejor gobierno. En el país hay alternativas, tal como se ha visto hasta ahora.

Para cerrar este interesante capítulo volvemos a lo dicho antes, el crecimiento de China ha sido posible gracias a sus acciones políticas. Considerando lo que era antes y lo que es ahora, no hay duda de que la política tuvo un papel muy importante. La verdad es que no importa si es democracia o no, o si es una democracia con un título adicional, tampoco si la democracia es buena o no, para el desarrollo de la economía y la sociedad, lo único cierto en todo esto es que el sistema político que tiene China ha resultado en el pasado, en el presente, en el futuro próximo y a largo plazo.

Capítulo 7

LA GUERRA COMERCIAL ENTRE ESTADOS UNIDOS Y CHINA

Desde el momento que comienza la guerra entre Estados Unidos y China, llevada a cabo por el presidente Trump y su política proteccionista frente a lo que consideró un avance peligroso desde dentro de Pekín, se percibieron las consecuencias de manera general, tanto en la nación como en los países de renta media.

La disputa se ha materializado con aranceles impuestos por EUA a los productos chinos, los cuales ascienden a los 250 millones de dólares y tienen la probabilidad de seguir aumentando. El Gobierno responde con aranceles de 110 millones sobre productos americanos como la soja y una devaluación histórica del yuan, que rompe la barrera psicológica de siete unidades por dólar.

¿Por qué se da la guerra comercial? Las tensiones entre las dos potencias ocurren por la caída económica de Estados Unidos, el aumento del desempleo y el déficit fiscal; a la apuesta de China por ser el líder en las principales industrias; debido al objetivo de expansión económica que amenaza con generar cambios en el orden internacional; y los tratados con la Organización Mundial de Comercio (OMC), para darle solución a estas controversias.

Desde 1870, Estados Unidos ha sido uno de los pioneros del modelo de libre comercio, firma acuerdos comerciales como el Tratado entre México, Estados Unidos y Canadá o el T - Mec, sucesor del tratado de Libre Comercio de América del Norte.

Países como Perú, Colombia, Israel, Corea del Sur y distintos miembros de la OMC cuentan con estos beneficios, gracias a la guerra entre los dos grandes. Aunque la situación también tiene sus desventajas para EUA, como el aumento de la tasa de desempleo, ya que las empresas que buscan más productividad se llevan sus bases a otros países, por ejemplo, las automotrices. La apertura económica ha llevado a que muchos países quieran llevar los bienes y servicios en dirección al gigante estadounidense, como China, que en 2018 exporta 539 billones de dólares, el 20 % total de las exportaciones, contra los 120 billones de dólares que importó de este país, que representan el 11 %. Esto deja a EUA con un déficit comercial, difícil de reducir.

Con una buena posición para negociar, China enfrentaría problemas más grandes, pues se tienen más sustitutos para la oferta china que para la demanda de Estados Unidos. A veces en estos conflictos comerciales es difícil ver al ganador, siempre ambos pierden un poco.

Gran parte de los bienes que exporta EUA son productos terminados, mientras que importa materias primas y productos intermedios, lo que permite que la industria y el sector terciario se desarrolle bien. Las tensiones entre Estados Unidos y Pekín se han hecho intensas por la economía planificada de este último, enfocada en las inversiones en industrias de inteligencia artificial, farmacéutica, automotriz, aeronáutica, náutica y trenes de alta velocidad.

El gobierno de China tiene la meta de superar en esta década el PIB de EUA, con el fin de la Ruta de la seda, que busca unir a Occidente por medio de un canal ferroviario, puertos, aeropuertos y vías, que la convertirán en la gran red comercial del mundo. De esta manera, China creará dependencia y logrará competir mediante relaciones económicas emergentes. Sin embargo, la guerra comercial también se centra en los avances de la tecnología en inteligencia artificial, como el caso de Huawei, que es pionera en infraestructura 5G; lo cual es el primer paso para lograr avances importantes en tecnologías disruptivas.

Además, el 11 de diciembre de 2001, luego de quince años en negocio, China ingresa como miembro a la OMC lo que materializa la idea de una apertura económica con el resto del mundo. No obstante, con esta incursión el país cede en el campo de los aranceles a productos agrícolas y al comercio de servicios. Además, se otorga trato nacional a las empresas extranjeras, permitiendo que estas administren los negocios en China, por cuenta propia. Lo anterior incide en el aumento de flujos de inversión extranjera directa en el país, pasando de cero, a comienzos de los años ochenta, a casi 100 000 millones en 2008; cerca de 6 % de la inversión extranjera directa, a nivel mundial.

El acuerdo trae la adhesión al mecanismo de solución de conflictos de la OMC, con el que se resuelven problemas comerciales entre los miembros, especialmente los relacionados con las prácticas injustas de comercio, robo de propiedades intelectuales, transferencia obligada de tecnologías, subsidios industriales, entre muchos otros.

El acuerdo es claro, muchos cambios se dan desde que se ha creado, tanto en la distribución del poder económico mundial, y del poder relativo con los países miembros, como en la composición del intercambio global de bienes; lo que impide que la organización pueda controlar los aranceles fijados entre Estados Unidos y China. Fue tal el impacto de esto, que Trump amenazó con dejar la organización.

Los países latinos

En una guerra comercial todos los participantes sufren heridas. Estamos hablando de dos potencias, las dos economías más poderosas del mundo, con un PIB a precios corrientes, para el 2018, de 18 500 billones de dólares y 11 400 billones de dólares, la primera cifra correspondiente a EUA y la segunda a China. Por lo que, en este caso, inevitablemente el sistema internacional sufre también.

Los países de renta media padecen cuando una nación u otra toma una acción de ataque en la guerra. Países que, a pesar de tener un nivel de ingreso per cápita, tienen un desarrollo institucional suficiente para acceder al capital privado. De este modo, no son receptores prioritarios de asistencia oficial para el progreso, lo que combate la pobreza en el mundo y ayuda a países con ingresos más bajos. De los 33 países de la región latina, 28 están en esa categoría.

Uno de los efectos de la guerra comercial ha sido la depreciación de monedas locales, porque con la devaluación del yuan, las monedas como el peso argentino y el colombiano se desvalorizaron un 33,02 y un 12,55 %, respectivamente; a la vez que afecta las proyecciones de crecimiento económico y de inflación.

Ambos países han tenido repercusiones en su modelo de negocio, los cuales se enfocan en cadenas de suministro eficientes, que se entienden como la secuencia de eslabones en el proceso de desarrollo, con la finalidad de satisfacer las competencias y llegar al cliente final. Esto se ve en Chile, por ejemplo, y su principal socio comercial, China, quien compra cerca del 24 % del total de los productos y servicios chilenos; como el cobre, usado para producir bienes tecnológicos. Debido a la devaluación del yuan, para las empresas de China es más costoso comprar productos en el extranjero, por lo que reducen el volumen de importación de materias primas. Por lo tanto, las exportaciones chilenas se han visto afectadas, como ocurre con los precios del cobre, que han retrocedido un 5,8 %, llegando a los 2,64 por libra.

Por otra parte, también se ha impactado negativamente a la industria metalúrgica colombiana por un par de razones, primero el nivel de exportaciones de metales y, segundo, debido a que los productos de China, al no poder exportarse a Estados Unidos, inundan los mercados latinos, quienes se ven forzados a bajar los precios. Otra consecuencia ha sido la desviación del comercio por el efecto de los aranceles. Por ejemplo: de los 34 millones de toneladas de metal que Estados Unidos le compraba al mundo, este ha buscado otros destinos como Colombia, que tiene una demanda total de 3,5 millones de toneladas, lo que afecta la industria nacional.

En conclusión, si bien ninguna guerra comercial es en su totalidad positiva, menos entre estos dos colosos, los efectos directos de esta en las dinámicas internacionales (sea porque el dólar es la moneda por excelencia para el comercio, o por la dependencia de los países con renta media) abren las oportunidades para los países en desarrollo, que se benefician por la relocalización de las empresas chinas y por la exportación de productos a Estados Unidos, que sustituye la actividad comercial de China.

Colombia, por ejemplo, tiene el Tratado de Libre Comercio con EUA, aprobado en 2012, donde se eliminan los aranceles y es más fácil comprar productos exportados desde Colombia. Esto, sumado a la ubicación que tiene el país neogranadino, que sale al mar por el Atlántico y Pacífico, va a permitir que las empresas chinas se trasladen y puedan suavizar el impacto de la disputa.

La guerra comercial abre las oportunidades para que los productores nacionales tengan competencias en sectores como el vidrio templado, tuberías, ñame, llantas, zapatos e innumerables productos, dependiendo del fuerte de cada país. Cada día los ojos se abren más a China, quien tarde o temprano terminará tomando más terreno en Latinoamérica.

Capítulo 8

CÓMO SERÁ EL MUNDO CUANDO LO DOMINE COMERCIALMENTE CHINA

Cuando el gran titán despierte, las consecuencias serán grandes beneficios para la humanidad. Analicemos esto a continuación.

¿Recuerdas la cita que abre este libro? «China es como un gigante que duerme; déjenla dormir porque cuando despierte el mundo se estremecerá». Esto lo dijo Bonaparte, desde el exilio en Santa Elena; cuando el británico lord Amherst le comentó la idea de abrirse con el comercio chino a la fuerza. Venía sin éxito de intentar de manera diplomática la misión y pensó que lo mejor sería seguir adelante con la meta que había planteado la corte.

La historia forma parte de una lista de profecías que durante siglos se contaron alrededor del rejuvenecimiento de China y hoy se cumple. Esta gran potencia mundial tiene planes para los años venideros, donde se consolidará como un país moderno y socialista, fuerte, próspero, avanzado culturalmente, armonioso y hermoso.

La pregunta sobre el despertar gira alrededor de lo que se hará. ¿Cuáles van a ser las implicaciones en el orden internacional de este gigante? Todo parece apuntar a que se seguirán dando cambios. El futuro de China no será muy distinto al nuestro, mientras abogue por mantener el carácter abierto y multilateral.

Esto fue reconocido el mes pasado por el secretario general de la ONU, António Guterres, quien calificó a China como un pilar central del multilateralismo. Se espera que esto se mantenga intacto, porque Beijing acepta que el desarrollo y los intereses de seguridad del Estado se mantienen relacionados con todo el planeta.

Ese despertar está a punto de llegar, el país no pretende seguir el camino de los grandes poderes de antes, al contrario, quiere trabajar con otros para que se hagan modificaciones al orden existente y así crear un mundo justo y representativo. Hay dos conceptos centrales y entrelazados que guían el comportamiento. El primero es el de un nuevo tipo de relaciones internacionales con una cooperación basada en ganar-ganar. Por medio de este, la idea es que se supere la mentalidad de desconfianza que está entre Estados Unidos y se adopte una nueva actitud que motive la cooperación y el desarrollo para ambos.

Lo otro es que se construya una comunidad de destino compartido, una aldea de naciones, donde todos los miembros trabajan para lograr aspiraciones comunes como ser felices, prosperar, tener armonía con el medioambiente, etc. Esto último maneja una especie de comunidad global, pero no se busca la homogeneización, o imponer modelos de vida, al contrario, se promueve el derecho a la diferencia, se crean condiciones para que las civilizaciones conversen entre sí, mientras siguen su camino.

Dado que se trata de un proyecto a largo plazo, China pretende buscar una comunidad de intereses y responsabilidades compartidas, como la iniciativa de la Franja y la Ruta, que cumple el rol central en la construcción de la comunidad inicial. Se promueve una interdependencia en materia de políticas, infraestructura, capitales, comercios y conexiones entre personas y comunidades.

Dos centurias pasaron desde que Napoleón habló de China y lo señaló como un gigante que estremecería al mundo, y vaya que tenía razón. Los conceptos chinos antes citados se hacen realidad. Afortunadamente, el temblor no será tan traumático, pero nos dará un sacudón para ayudarnos a crecer, especialmente a Latinoamérica.

Reflexiones finales

China construye una confianza sin precedentes, con un sistema político sentenciado o cuestionado por mucho, pero que sin embargo, le han valido un progreso inigualable a nivel mundial. No es menester, destacar que en los últimos años su PIB subió de 82,7 billones de yuanes, unos 13,1 billones de dólares, a 54 billones de yuanes. Además, pasó a representar del 11,4 % al 15 % del PIB del mundo. Dicho panorama le ha permitido una de los grandes objetivos que ha sostenido en los último años y que alza como bandera de lucha para su futuro y es la erradicación de la pobreza, aspecto que le ha validado, nada más ni nada menos, que 68 millones de personas de zonas rurales salieron de la pobreza y, actualmente, sea el país con más población con ingresos medios en el mundo.

Esta historia de éxito deriva de la estabilidad que hay en la economía de la democracia china, la cual se demuestra en resultados concretos que validan y consolidan a esta Nación como un verdadero «gigante asiático». La Asamblea Popular China (APN) ha revisado la Constitución, un garante fundamental para impulsar la modernización del país, elige a los líderes del Estado y confirma la nominación. Todo esto se da sin sobresaltos y con las medidas de representatividad correspondiente.

No hay que olvidar y tal como se expuso en el texto, un siglo atrás, cuando el país comenzaba a conocer eso llamado democracia occidentalizada, desató una guerra civil sin precedentes, toda vez, que se dieron cuentan que aquellas normas que regían al otro lado del mundo no eran del todo aplicables a su entorno y era una desvinculación con si propia naturaleza.

De esta manera, la República Popular China, comienza a hacer frente a estas vicisitudes y comienza a desarrollar su propia forma de aplicar un modelo democrático. La primera junta se convoca en 1954 y se establecen las asambleas populares; con esto se crea una plataforma para que el pueblo pueda ejercer el poder estatal, un sistema político elemental para el liderazgo del partido comunista, para el gobierno y para la gobernanza desde la ley.

Un claro ejemplo, de cómo se ha instaurado este régimen es lo establecido por la diputada china, Zhang Xiaoqing, quien sugirió hace tiempo ofrecer pólizas para los migrantes, un grupo de 286,5 millones de personas que son clave para urbanizar China, quienes deberían tener seguro de desempleo, para estar protegidos en caso de perder sus trabajos en las ciudades.

En tanto, los agricultores se van a la ciudad a trabajar por sueldos más altos, pero muchos pasan por los riesgos de perder el empleo, por ello se les debe garantizar lo necesario para sus familias y vidas. Su sugerencia fue bien recibida y aceptada por el gobierno. Actualmente se revisa un reglamento para concretar este beneficio y el gobierno central ha utilizado el indicador de tasa de desempleo urbano, calculado con encuestas, que incluye a trabajadores rurales y otros residentes permanentes.

Los diputados como ella han presentado más de 41 mil sugerencias en el último lustro para buscar reformas estructurales, disminuir riesgos potenciales y reducir la pobreza, tomando medidas que protegen el medioambiente y que son clave para el desarrollo de alta calidad. Todas estas peticiones han obtenido respuesta.

De esta manera, podemos comprender que cuando se garantiza el derecho para gestionar el país, se puede incentivar la creatividad de los habitantes. No hay que menoscabar que con más de 1300 millones de personas, China ha logrado desarrollar progresos en distintas áreas del conocimiento, tanto en el mercado industrial, en tecnología de alto nivel y hasta su carrera espacial, pero teniendo siempre presente como propósito guía garantizar una mejor calidad de vida para todos.

Todo ello, sumado a una visión amplia de su camino hacia y para el desarrollo final de la Nación, que le ha conllevado a trabajar incluso en el primer código civil, para promover el imperio de una ley en el país y hacer más moderna la gobernanza de la nación. En 2013 se presentó la reforma de la versión de 1986, los principios generales de la ley civil y la compilación de un código civil. Esta propuesta fue aceptada y se espera que, en breve, el país tenga su código civil. Esto permitirá que los ciudadanos se sientan más seguros de sus derechos y tendrán más oportunidades de un desarrollo igualitario.

Hay que entender que este tipo de gobernanza ha contrastado con los controles y regulaciones de poder que suelen darse con el estancamiento de la política de algunos países de Occidente, toda vez, que el gobierno central, el tribunal supremo y la fiscalía popular suprema responden ante la APN y los supervisan, a través de un diseño vertical que permite unir las fuerzas y evitar fricciones que conlleven a un estancamiento o desequilibrio del devenir del país.

En este mismo sentido y siguiendo con esta misma lógica, China alinea al ámbito legislativo con las reformas establecidas para fomentar la integración en pos del desarrollo al cual se aspira. Dentro de los cambios que se hicieron, en 2013 y 2014, fue el de aprobar el piloto de libre comercio y se consagraron las medidas de reforma de las zonas, en disposiciones legales, después de que se adquiriera experiencia, en la práctica. Actualmente China tiene 11 zonas de libre comercio que alientan a más empresas a operar en el gigante asiático y fomenta la vinculación con otros países, permitiéndoles relaciones bilaterales de alto alcance en el manejo político y económico en el sistema internacional.

Todo ello, se genera en un panorama donde en la sesión de la APN, los legisladores reflexionan sobre la posibilidad de establecer comisiones nacionales de supervisión, para tener el garante de desarrollo y redoblar los esfuerzos contra la corrupción, teniendo presente que la democracia en el país va más allá de lo electoral, las consultas se consideran una virtud y se realizan por toda la nación.

Para ello, se cuentan con más de 2100 asesores políticos en el XIII Comité Nacional de la Conferencia Consultiva Política del Pueblo Chino, el máximo cuerpo de asesoría política. Estos representan a los 56 grupos étnicos, con el 60 % de estos asesores que no son miembros del partido comunista. La lista tiene a empresarios, académicos, artistas, entre otros.

Ahora bien, en este punto es importante señalar para aquellos exceptivos de este modelo o la manera china de hacer democracia, es que en los últimos años, también ha existido un participación de los partidos no comunistas, llevando a cabo investigaciones de supervisión sobre temas de asistencia médica, integración económica, educación y reducción de la pobreza. Frecuentemente, los informes llegan directo al Comité Central del Partico Comunista o al Consejo de Estado, y muchos se han usado para formular políticas y leyes, posibilitándolos estar presente en el más alto nivel con temáticas que sin duda, este país lo enviste como pioneros y generados de un productivo y novedoso conocimiento.

En esta democracia consultiva también se incluye el autogobierno a nivel de bases, por medio de comités aldeanos. De acuerdo con la Ley Orgánica de Comités Aldeanos de China, el autogobierno en las zonas rurales tiene la garantía de realizar elecciones, tomar decisiones, mantener la administración y el ejercicio de supervisión, siempre y cuando se efectúe en democracia. En tanto, los comités administran los asuntos públicos y las actividades por el bienestar, median disputas y mantienen el orden público, informan de lo que piden los aldeanos y hacen sugerencias.

Teniendo presente diversas aristas del crecimiento chino y sobre todo, cómo se funcionan en un sistema político particular, se demuestra que la democracia como la conocemos en Occidente no encaja con la forma en la que funciona en China. Si de alguna manera se impusiese, esta terminaría afectando el país, lejos de impulsarlo, como ocurrió en el pasado.

El estilo de gobernar de China es distinto al nuestro y no podemos etiquetarlo directamente como una dictadura, un régimen o un entorno donde solo se benefician minorías. El crecimiento del país se ha logrado mediante políticas de gobierno y de acciones que, en los últimos 60 años, han asegurado el desarrollo social de la nación y las perspectivas del país son muy altas, con planes económicos, tecnológicos y de superación para los siguientes años, que harán que se posicione como una potencia que dominará la economía del mundo y todos tendrán relaciones comerciales importantes con ella.

Sin duda, el sistema político ha sido esencial para el desarrollo socioeconómico, gracias a lo cual las instituciones públicas y privadas se adhieren a las directrices y siguen el mismo camino, lo que no sucede cuando cada uno tiene la libertad de elegir y se establecen muchas rutas que no llevan a un destino real.

Esto ha permitido el crecimiento de la economía y la inyección de capital del extranjero, con las empresas que han ingresado a China para poder operar a bajo costo. El país ha aprovechado cada uno de los elementos que tiene y los ha monetizado para impulsar el país, no solo buscando su riqueza económica, sino también mejorar la forma de vida de sus ciudadanos; quienes tienen mejores beneficios, están creciendo más cada día y, aunque trabajan mucho, el entorno los ha favorecido y viven mejor. Esto lo vimos claramente cuando analizamos, en su momento, la reducción de la pobreza.

Es que cuando se tiene un exceso de participación de la sociedad civil en el desarrollo del país, todo se hace más lento y la economía se retrasa porque se pierde mucho tiempo en temas burocráticos. Posibles proyectos de crecimiento se detienen porque se debaten, se escuchan opiniones válidas y negativas; se pone en duda que puedan crecer, aparecen conflictos que no existen, alguien paraliza el proyecto, luego se retoma, se infla el presupuesto, en fin, en países democráticos hay millones de propuestas estancadas por esto, e incluso han dado pie para corrupción y otros fines ilegales.

China tiene fama de disciplina, esto no surgió por el modo en el que ellos piensan o por el agua que mana de sus manantiales, es porque se encauzaron en dicho camino, gracias a la rudeza con la que hacen cumplir sus normas. El país tiene poca resistencia en aquellos momentos en los que debe ejercer su fuerza para alcanzar sus metas, por eso la sociedad es tan obediente y aplicada a lo establecido. No son personas que pierden el tiempo en discusiones largas, ellos van del punto a hasta el b y hacen que las normativas se respeten en todo momento.

Una clara muestra de aquello es el manejo empresarial chino, el cual está compuesto por personas que trabajan mucho; son incansables, tienen objetivos claros y están dispuestos a postergar la gratificación, con tal de conseguir sus objetivos. Asimismo, ayudan a las empresas a crecer desde su nacimiento, les inyectan dinero por años y esperan un tiempo considerable para poder tocarle siquiera un yuan. Todo porque quieren impulsarla, esto es así debido a la misma cultura que se ha generado por años. Gracias a las acciones políticas que han creado personas enfocadas en un mismo fin.

Entonces, aunque este país tiene sus reglas y una política que podría parecerle ruidosa a un occidental, la verdad es que a ellos les ha calzado muy bien. Mediante esas directrices es que desde los años setenta a la fecha crecieron de forma abrumadora y se han sabido levantar ante los tropiezos. China es el gigante dormido que despertó y ahora está comiéndose al mundo, está dominando y será sin duda alguna la gran potencia que superará a Estados Unidos en muy breve plazo.

Lecturas recomendadas

Días de sumisión (Orlando Avendaño)

El forzado inicio de la era digital (Carlos Cáceres Valdebenito)

Cartas a los peruanos americanos (Elio Soto)

La paradoja de los oros (Jairo Bustamante)

Todo es posible (Carlos González-Carrasco)

Desde el autoanálisis a la libertad (Raúl Guzmán)

www.ingramcontent.com/pod-product-compliance
Ingram Content Group UK Ltd.
Pitfield, Milton Keynes, MK11 3LW, UK
UKHW042141021026
15589UKWH00003B/967

9 786125 042187